管教的勇氣

該管就要管，
你要幫孩子變得更好

彭菊仙——著

目錄

第三章 孩子信服「自己先做到」的父母

第四章 孩子依戀「表達愛意、合情合理」的父母

第五章 孩子需要「訂好規則並相信他們」的父母

第六章

關於孩子的前途：社會選擇「懂自己、會做人、能做事」的孩子

推薦序

放膽「得罪」，好好管教

親職教育專家、資深媒體人　**陳安儀**

孩子漸漸大了，步入青春期，一路陪他們長大的父母，開始面臨不同的挑戰：

「以前那個甜蜜的孩子去哪裡了？講他兩句就給我臉色看！」

「他現在長得比我還高了，我管不動他啦！」

「放假要他跟我們一起出門，簡直像是要他的命！」

「每天都在滑手機、上網，講他就不高興！」

……

於是，逐漸長大的孩子到底該不該管？什麼該管什麼不該管？該怎麼管才不會壞了彼此感情？該怎麼管才能讓他們成為一個成熟、穩健、對自己負責，卻仍然從心底愛慕父母、對家庭有向心力的孩子？這些都成了現代父母最大的疑惑與困擾。

然而，放眼望去，坊間談青春期孩子溝通、了解的書籍比比皆是，但是卻甚少教導你「放膽」去「得罪」你青春期的孩子、好好的「管教管教」這些羽翼漸豐的傢伙！看菊仙談「管教」三個大男孩的文章很有趣，我彷彿看到一隻嘴上兇巴巴的母雞，一面咕咕咕的東追西趕，讓三隻小公雞在一定範圍內不得踰矩；一方面卻又用一雙溫柔慈和的眼睛，眼看著三隻小雞越跑越遠、越飛越高，帶著一種喜悅的驕傲，與堅定的支持。

菊仙一直強調：「適當的管教，絕不會讓孩子不愛你。」這一點我十分認同。事實上，現在有太多的家長因為害怕「激怒」小孩、失去孩子的愛，拱手放棄了父母的教養權，將孩子寵溺上了天，結果造成了許多的社會問題。也有的父母誤解「愛的教育」，以為放任孩子、不加干涉、無條件支持就是最好的管教方式，結果卻失去了矯正行為的良機，製造出一群無法融入人群、終身依賴父母的啃老族。這些，都是教養觀念上的謬誤，急需糾正。

從讓孩子自己起床、自己上學、珍惜身邊資源（營養午餐）、做家事開始；一直到教導孩子學會管理時間、克盡本份、自我追尋、人際關係……菊仙是一個認真且用功的親職作家，她不只將自己的經驗與周遭的故事化為一招招實際執行的步驟，提供家長簡明有效的方法；並且將許多艱深的教育理論簡化成為清楚易懂的案例，讓家長可以一看就懂，而不必去啃硬梆梆的「兒童心理學」或是「青少年諮商」，就可以得到管教的「武功秘笈」，保管讓你管小孩時技巧精進、功力大增！

最難得的，從本書中，我們也看見菊仙一直保有「自省」的習慣——我想這也是身為現代優質父母不可或缺的一個重要特質——只有一直不停地回頭檢討自己，我們才能成為孩子面前最好的模範與鏡子。所謂「身教重於言教」，我想，這也是所有教養概念中，最重要也最珍貴的部分了！與大家共勉之。

推薦序

有為有守的好榜樣——讀菊仙新書有感

親職作家 張美蘭（小熊媽）

認識菊仙很多年了，她教養三個男孩的方式，一直是男孩家庭的榜樣。

對她印象最深的，就是她很有正義感，常勇敢仗義直言，前陣子台北市捷運卡的〈波卡事件〉（日本AV女優登上悠遊卡代言），她在臉書上就先高聲疾呼，認為應該抵制這不恰當的行為，卻遇到許多嗆聲的人反擊她，但是她並沒有因此退縮，在網路上以單筆力戰群雄！我想，就是這種精神，讓她在教養孩子時，也是那麼給力，讓她這本書看起來衝勁與氣魄十足，每每翻頁便想鼓掌叫好啊！

第二章裡有一篇標題是：「『這是我的暑假ㄟ！』對，但你還是得幫忙曬衣服」，老實說光看標題我就很想笑——真的很有菊仙式的風格！男孩子多半是不愛做家事的，他們寧願趴在床上發呆，也不愛整房間、幫媽媽洗洗刷刷。有時媽媽心軟，就會步步退守，變成忙到爆肝的台傭！有時候，對孩子真的不能太心軟，應該要訂好界線，就像菊仙一樣，家事，大家分擔；媽媽，也該有喝茶休息的時間。

我最喜歡的是第五章中「送手機，也要附上『使用說明書』」，菊仙舉例一位美國媽媽在兒子時三歲時買手機給他，但也附上了使用說明書。我也是經由菊仙的臉書推文，仔細讀過這些條款，然後與我家國二的小熊哥仔細討論了很久。

我家孩子都沒有智慧型手機，可是這些條款其實也很適合在孩子上網時注意。我告訴孩子：和同學、朋友用簡訊溝通，都比不上你當面和他說點話好！「溝通」是我們一輩子都用得到的技能。還有很多其他的課後活動，值得花更多時間在上面，不要一直當低頭族，玩遊戲或追蹤其他人的動態。自己要有自己的嗜好（打電玩不能算在內！）也沒有必要一直拿著手機拍拍拍，要活出自己的人生，美好的回憶會永遠都貯藏在自己大腦的記憶或日記中！

現代男孩的管教，最難的其實就是：如何讓男孩不被手機或網路等3C誘惑，沉迷在虛幻的世界中！菊仙在書中提到：高中以前的孩子，很難有自我克制力，所以一定要有使用的規則。同時，她還提供一個很好的軟體：教育部開發的「網路守護天使」軟體，我想很多家長都不知道（包括我），原來還有這種東西可以免費使用！感謝菊仙，總是走在前頭指引。

菊仙是一位有為有守，更有創意的教養典範。希望社會裡能有更多像她這樣的母親，相信台灣社會將會更有正義、活力與競爭力！

推薦序

面對管教，我們都需要勇氣

王意中心理治療所所長、臨床心理師 王意中

在演講的場合中，我常常半開玩笑說「親職講座的保存期限不到二十四小時」。說這句話的用意，其實有些語重心長想和父母分享親子教養這件事，關鍵就在於你的執行力。否則，演講聽完，一切隨風而逝，親子關係依然停留在原地。

每個人都曾扮演過「孩子」這角色。但是，當自己轉換成「父母」而面對眼前的「孩子」時，卻很容易浮現出一種似熟悉又陌生的感覺——不知道該如何與孩子相處，因此親子關係很容易卡關。特別是面對青春期的孩子，所需要的功力、等級、配備與段數得相對提高。否則不是落入疏離，就是彼此衝突不斷。

有些父母很懊惱，心裡總是疑惑「為什麼現在的孩子很難管、不好教？」雖然，每個人都有屬於自己的特質與教養格調，但在親子關係上，卻很容易陷入過與不及的管教。不是過度呵護、監控、服務到家讓孩子成為媽寶、爸寶。再不然，就是誤把放任當放手，結果親子關係弄成不知道該如何管的地步。

在從事兒童青少年心理諮商與治療的臨床工作上，父母或其一的參與及陪伴，常常是必須的要求。關鍵就在於，面對孩子成長上的困境，及教養上的衝突，孩子不會是唯一需要調整的人；甚至於，有時孩子相對單純，暫時可以停止前來。但比較尷尬的是，爸媽可能需要繼續接受親職諮詢，以覺察自己的管教方式，並嘗試改變。

當然，可以確定一件事——當父母開始改變，孩子相對也會跟著調整。其實，爸媽怎麼做，孩子都在看，而且持續保持關注。端看父母對於彼此關係調整的動機與努力能夠續航到什麼程度。

父母管教效能需要適時更新、同步升級。而閱讀的奧妙，也在這裡。

非常榮幸能夠提前閱讀這本《管教的勇氣》，透過作者彭菊仙女士的筆觸，讓現代父母在面對孩子的管教上，打破刻板、單一的角色，而有了全面的觀念。如同書裡所涵蓋的方向，別讓自己被孩子吃定，成為「怕孩子生氣」的父母。勉勵自己成為「多一分堅持」、「自己先做到」、「表達愛意、合情合理」、「訂好規則並相信他們」的父母，而培養出「懂自己、會做人、能做事」的孩子。

面對孩子的管教，我們都需要一些勇氣。無論是優雅拾起自己的管教權力，或承擔甜蜜又帶點重量的管教責任。閱讀本書，請細細品味作者長期在親子教養上，細膩與敏銳的觀察，周延及深刻的思考，生活化與容易貼近的管教方式。

現在，視你與孩子所需，選擇書中與你共鳴的那一章節。啟動你的執行力，讓親子關係更加美麗與和諧。而孩子的獨立，更能融入未來的社會。

作者序

該管就要管，該疼就要疼！把來討債的孩子養成來報恩的！

彭菊仙

把時光倒回十多年前哺育小子們的時光。

剛做新手媽媽時，只要一聽到奶娃兒爆炸式的嚎啕哭泣，我便嚇得立即跳起，必以最少秒差為心愛寶貝塞上熱騰騰的奶水。

沒經驗的媽媽大約都如當時的我，最怕聽到寶寶哭天搶地，只要寶寶多一秒的哭泣，媽媽便有多一秒的心疼、多一秒的焦慮。

萬萬沒想到，寶寶的哭，猶如緊箍咒，從出生的第一天起就可以把我玩弄於股掌之間。

德國一位兒童行為治療師 Annette Kast-Zahn 說：「才會吸奶的寶寶就有能力記住爸媽的反應，然後推論出自己接下來的行為模式！」

於是，寶寶記住：

寶寶便以此一招半式闖天下，到了學步兒，又從大人的反應中找到生存法則：

餓↓大哭↓馬上有奶喝

無聊↓大哭↓馬上有抱抱

生氣↓就可以買糖果買玩具

大吵大鬧↓就可以不必被處罰！

若是為人父母至此還不及大夢初醒，那麼，寶寶便循著「耍賴路線」一路順風挺進！及至青少年，當然更懂得以頂嘴、威脅、出走、鬧自殺等，逼使父母割地賠款、束手投降！一個個無法掌控、唯我獨尊的愛哭鬼於焉膨脹為「大巨獸」！

以上的公式，請記下來，叫做：把投胎來報恩之小孩變成討債鬼之完全養成術。

老天爺對我真的太好，給我三次機會來翻轉上述公式。從無數次的經驗法則中，我確知，沒有寶寶不會哭，更有一種磨人精，以耐力戰、持久戰、刁鑽戰，力圖攻破母親的愛心底線！

我家就有這樣一隻恐怖分子！學齡前每天必小哭十數次、大哭數次、暴跳如雷N次、用頭撞牆Y次（這隻小子已長大，恕我不點名啦！）

昨天睡前，我仍照例親親這一隻已逐卓然長成的青春少年，才驚覺：不知何時起，這隻火力強大的不定時地雷已不隨意爆炸？大部分時間還溫馴自律得令我感激！真是忽焉一場夢啊！

教養出三個資優孩子的生化天才楊定一博士說：「教養孩子不會有奇蹟！不可能今天做了什麼，明天就會有結果。」

但霎那間，我覺得和以前判若兩人的這小子，對我來說，確真如一個奇蹟！楊定一說：最重要的是，陪伴的時間要夠長！

但我還要補充：在長時間的陪伴過程中，大人不能沒有——勇於管教的勇氣！

這就是我在這本書中的核心概念！

勇於管教的父母不可能讓家裡永遠天下太平，果真如此，那必定是息事寧人，必定是假象！既然要管教，必定事出有因，必定有干涉介入，那麼，就請認清：親子之間不可能沒有衝突！

然而，娘家婆家親戚卻常常好奇我：怎麼三小子到了青春期還跟你們這麼緊密親暱呢？

哈！咱家小子到了青春期也沒有例外，一樣叛逆，一樣想躲開父母，一樣以言語行動強烈捍衛自己的主權，衝撞並無減少！

但確實，每當我們想到每一段親子的相處時光，都能感到彼此的信任、幸福的相知、溫暖的家常生活。

是的，除了鐵面無私無義無反顧當晚娘之外，爸媽要有更多「愛的平衡工具」。

看！方才我不是寫了：睡前，我仍照例親親這一隻已逐卓然長成的青春少年！

且看我這一路「愛與責備」相互為用的街頭戰法心得吧！

該管要就管，該疼就要疼！

此外，在這個「M型社會＋少子化＋開放自由社會氛圍」的大環境下，父母對孩子的愛也呈現兩極化：愛得太多、黏得太緊；或者只生養不教育，完全放任不管！

這兩年，不少企業界大嘆，國家不進步的最大元兇之一，便是「媽寶太多」！容我再奉上一個公式：幫孩子做得太多＋幫孩子設想太周到＋幫孩子安排太過度。

再請記下來，此為：媽寶之完全養成術。

老天爺對讀者也很好，因為從這一刻起，我們已經醒悟了翻轉以上公式的迫切性：

讓孩子自己做自己能做的！

讓孩子為自己設想！

讓孩子練習安排自己的學習與生活！

讓孩子承擔後果！

讓孩子受挫！
讓孩子嘗過失敗！

在本書最後，我為管教孩子提出最終的願景：懂自己、會做人、能做事！
開始翻轉吧！
不把「放任」當放手，更拒絕當「媽寶」的推手。

第一章

孩子吃定「怕孩子生氣」的父母

別擔心！孩子生氣，不是因為不愛你

你會因為害怕失去孩子的愛，而放棄好好管教的機會嗎？
孩子的錯誤若沒被即時矯正，他們還是會繼續犯錯，而且很可能愈犯愈嚴重。
那「未被矯治的錯誤」終有一天會無預警的爆炸，威力驚人，絕對兩敗俱傷，無可收拾。

「我討厭你，我恨死你了！」一位朋友打電話來，說他的孩子竟然在大庭廣眾之下吼出大逆不道之語，讓她傷心欲絕。

「是，這些話的確很傷我們父母的心，要是我也會覺得很沒面子吧！」我試著先同理朋友。

「當然！」

「但是，那個場合也沒人認識你，OK的啦！你家阿安的情緒一直很強烈啊！」

「但是，我真的很難超脫這麼重的話，一想起來就輾轉難眠。」

「為什麼？是傷了你的自尊？還是害怕孩子真的恨你？」

朋友猶豫了一會，說：「我想應該是後者，我覺得自己很失敗。我只有一個孩子，我很害怕這種親子撕裂的感覺，會一直鑽牛角尖，害怕孩子繼續恨我。」

「你真的相信阿安恨你嗎？」

朋友支吾著。

然而，我在當下就已知道答案，一連串明晰的畫面立刻在腦海裡竄出：當一覺醒來，阿安依然會媽媽長媽媽短的叫個不停；上街時，依然會緊握著媽媽的大手；功課不會寫時，依然纏著媽媽；睡覺前，也依然要討親親、討抱抱……

阿安怎麼可能恨媽媽呢？

然而，這位朋友卻可能被引到一個錯覺：哇，還好，最後是喜劇收場！我又再度贏回了孩子的心！我們又重回了甜蜜幸福！

事實上，這位朋友從未失去孩子的愛，因此根本談不上重新贏回愛。

但是，因為她心中根深蒂固的擔心——害怕失去孩子的愛，讓她錯失了一次「適當管教孩子」的大好機會。

原本的發展應該是：孩子犯了錯，必須接受父母管教，然後，孩子理解到自己犯了什麼錯，於是反省自己，修正了行為，導正了錯誤。

而今卻轉變成：親子發生了爭執，媽媽不願看到因出面管教而造成親子不愉快，不僅束手無策，更因此停止了任何的管教行動。當孩子恢復平靜、再度靠近自己時，媽媽便會以為一時的忍耐扭轉了仇恨的親子關係，兩人和好如初，功德圓滿。

但這造成了令人遺憾的結果——孩子不曾知道自己犯了錯、犯了什麼錯；媽媽也不在乎孩子有沒有犯錯，更不在乎孩子有沒有從錯誤中修正自己、成長進步。

如果父母始終把「永保親子的和諧關係」看得比「好好管教孩子」更為重要，那麼，未來，將會有更多的機會讓孩子飆出狠話。

而有一天，當狠話都不奏效時，孩子還可能做出更為可怕的行為！

因為，孩子已經嘗到甜頭，只要能勾起媽媽的罪惡感，他就可以逃過一劫，不被追究、不被處罰，甚至還可能讓計謀得逞。

果然，當天死纏爛打要買六百多元玩具的阿安，雖沒能稱心如願，但也逼使媽媽讓步，最後買了三百多元的玩具。

「為什麼要讓步？」我問。

「因為受不了他的吵鬧，也覺得很丟臉，而且我…真的很怕阿安生氣，討厭我！」

「你為什麼那麼怕孩子討厭你呢？」

「可能……是，我只有他這一個孩子，而且我上班很忙，都把他放在安親班，我一直覺得陪伴他的時間不太夠，覺得對他很愧疚。」

是了，只要帶著莫名其妙的「愧疚感」，媽媽對孩子「愛的威脅」這一招就會投降。

怕孩子被陪伴得不夠，怕有限的親子時光品質不佳⋯，這一切擔心，蒙蔽了父母的雙眼，也讓他們弄錯了教養方向；而機伶的孩子卻懂得抓緊要害，反過來控制父母。

親愛的爸爸媽媽，為什麼要怕孩子生氣？

假使你覺得孩子孤單，那麼，就樂當孩子的玩伴，或者幫孩子找玩伴。

假使你自責陪伴孩子的時間太少，那麼，就要更有效率的把握住和孩子相處的分分秒秒，甚至更該在有限的時間內留意孩子是否有偏差的行為。

假使，你擔憂親子撕裂，那麼，應該去積極學習親子溝通技巧，絕不是忽略孩子的錯誤，全力避開反彈。

我們要提醒自己在管教的過程中儘量維持和平無波，但是，請記住，面對成長中的孩子，這通常是夢幻畫面！

因此，我告訴朋友：「放心吧，你家阿安百分之百不會恨你的，是你自己害怕失去孩子的愛，因此做了錯誤決定，那就是放棄大好機會，來幫助孩子導正錯誤，邁向『更成熟的人格』。」

因此，在進入管教課題之前，我先邀請讀者們來一起堅定信念：

管教孩子≠撕裂情感

孩子生氣≠孩子不愛你

請勇敢執掌父母的管教權力，擔起父母的管教責任！

該管就要管

我相信，只要有心，我們一定能學會更有效能的技巧，讓孩子減少羞愧與怒氣；但是，萬一還是無法避免孩子生氣，請不要自責，**因為天底下本來就沒有人喜歡被指責，更沒有人被指責時還能笑顏以對。**

但是，孩子的錯誤若沒被即時矯正，他們還是會繼續犯錯，而且很可能愈犯愈嚴重。那「未被矯治的錯誤」就成了未爆彈，愈滾愈大，終有一天，它會無預警的爆炸，威力驚人，絕對兩敗俱傷，無可收拾。

要清除這顆未爆彈，只有在孩子每一次犯錯時，正視他們的錯誤，勇敢的站出來，正確的管教孩子。

教養黃金期，只有十年

當我們確知每一個孩子都會犯錯，
並認清「犯錯」是一個扭轉孩子的機會時，
我們會感謝，孩子是用「犯錯」來提醒我們父母的責任；
每一次孩子犯錯，也是「父母幫助兒女變得更好」的契機！

不會犯錯的孩子是「神」，不是孩子！即使是「神童」也會犯錯。孩子來到這個世界，就是要藉由「犯錯」來獲得修正與改變，然後邁向成熟與正道。但是孩子多半不會知道自己犯錯，也不知道該如何修正，因此就有了「父母」這個設計。

所以父母最重要的工作，就是陪伴在孩子身旁，看看他們做了什麼事？用心去感受他們為什麼要這麼做？是否偏離正道？

孩子犯錯，就是一盞警示燈，提醒父母：該出面來幫助他們了！

但是在當下，父母的心是否只在這些問題上打轉呢：

為什麼是我的孩子？
我的孩子太糟糕了！
我的孩子太丟臉了！
我的孩子快沒救了！

當我們的心神被這些困擾佔據時，很容易放大孩子的錯誤，因而混淆了焦點，於是把心力都消耗在焦慮之上。這完全弄錯了方向，也用錯了力道！

當孩子犯錯時，我們可以有兩個選擇：一、擔心孩子；二、幫助孩子。

若是把焦點放在「擔心孩子」之上，我們被導引出來的反應將是：「我的孩子真可惡！」，接下來就是發出怒氣，可能因而失去理智，破口大罵或是羞辱孩子。如此一來，孩子首先是被「父母的沮喪」打垮，而非他們「自己的錯誤」！

若是把焦點放在「幫助孩子」之上，我們將會被引導出父母的責任——只要我願意做點什麼事情，我會有一個更棒的孩子！

這個思考方向才可能讓我們趨向冷靜，看到孩子個別的問題與需要，然後用心思考他們能接受的矯治方法，讓親子一起來解決問題。

因此，每一次孩子犯錯，都是「父母幫助兒女變得更好」的契機！

然而，這句話是有條件的，也就是當孩子願意聽從我們、願意讓我們介入他們的問題時，這句話才成立；否則，任憑父母有滿腹的教養理論、精湛的管教法寶，都將枉然。

孩子不會永遠把我們當作世界的天、宇宙的中心，他們不會永遠服膺我們的教導。孩子進入青少年後，內在的「自我」會慢慢發展出來，屆時，就不會再以父母為唯一的價值判斷依據。甚至，為了凸顯自己的獨特價值，孩子反而會刻意唱反調。

屆時，我們的價值再怎麼正確、意見再怎麼高明，都會覺得管教如同放空氣彈，擊不中孩子的心。

教養三個兒子，一路走來，我在在感受到這個真理——能「有效管教」孩子的黃金期，確實只有十年，至多十二年。

大兒子、二兒子如今陸續上了高中、國中，個頭早已超過了我，每每和兒子們走在路上，我竟然得把頭仰高才能和他們對視。曾何幾時，我高高在上俯視著小小身軀、用大手牽引小手的漫長歲月，已經一去不復返。

霎那間，我體悟到一種微妙的變化：我們母與子之間「大對小、上對下」的關係正在瓦解；我們逐漸趨向平行，變成兩個對等的個體。

上天，不正在用身形的變化向我揭櫫一個道理嗎？

樹立我父母威望的時機正在遠離，眼前這些大孩子所需要的，不再是綿密的保護、無窮的管束，我必須調整腳步，順其自然地站在不遠處，尊重並監督孩子內在自我的主導。

當孩子極幼時，懵懂無知，小小的身軀會敬畏父母巨大的形象，更怕失去父母的關愛與保護。因著此時孩子對我們的依戀與順從，父母的管教相對容易，並且能發揮最大效果。

因此，父母必定要好好掌握這段「教養黃金期」，勇敢握住管教的權柄，樹立「上者」的權威，盡到教導責任，並為「下者」展現榜樣。

不要讓孩子的天真無邪，迷惑住大人的理智，阻障了父母合理的管教；更不因孩子的幼弱依戀，讓我們無限制的濫用或誤用管教權。

教養上最幸運的事情就是：在孩子心智柔軟時，就讓我們遇見他們的錯誤，並且找到方法幫助他們，讓他們更進步、更懂事、更成熟！

羽翼豐滿時，就讓他展翅飛翔吧！

只要用一句話，就足以說明管教的順序：小時候給孩子扎根，長大時給他一對翅膀！

每當我演講引用到這句話時，便看到父母們頻頻點頭。但也有不少父母急著舉手懺悔，問我：「怎麼辦？孩子小時候，我都沒在管，真的就像你說的，現在孩子十幾歲了，我怎麼說都沒有用，什麼都管不動！怎麼辦才好？」

其實，我的內心真的只有一句話：「不怎麼辦！真的，孩子大了，真的難管啊！」

畢竟，我們若先給了孩子「翅膀」，他們就習慣自由自在的亂飛了，當他們長大，怎麼可能收回翅膀？

當然，我不會狠心地只潑父母冷水：你的孩子完全沒救了！

世界上還是有解藥，那就是「愛」！但是，屆時父母可得加上非常多倍的愛，投入非常多倍的心力，才有扭轉的機會！

「只要要求合理，媽媽就不怕得罪你們！」

我當然想永遠被孩子愛戴、擁抱，做個他們心目中的「好大人」，
但是我也得始終如一的守住「愛孩子」與「管教孩子」的分際。
所以，對於孩子因為管教而產生的憤恨，
我會平靜而嚴正的說：「媽媽我不怕得罪你們，只怕沒把你們教好！」

因為我非常清楚我能夠影響、導正孩子的黃金時間只有十年，所以，每天我都會不斷地自我提醒：只要對孩子的身心發展是正確的，只要我們親子雙方在事前都已約法三章，只要執行的方案合情又合理，那麼，就不必開放空間讓孩子討價還價。

比如說，即使我一向主張把假期的主控權還給孩子，但不代表孩子可以為所欲為，只要喜歡，什麼都可以做；或者只要不喜歡，什麼事都可以不做。

寒暑假是放鬆自在的時光，但不代表可以放蕩無紀律。學校總有一些簡單的作業，孩子就必須每日和課業保持一些基本的連結，如此，更能啟動規律的長假生活。

家裡總找得到可以分擔的雜事，孩子尤當在長假中嘗試學期中沒時間練習的家務工作，這比起練習各種才藝更為重要、更為受用。

此外，鍛鍊身體、安排需要花費時間的牙齒檢查診療行程，都是長假中孩子絕對要執行的工作。我會在放假之前，一一說明清楚每一件事情的重要性，除了討論時間的安排，對於執行每一項任務，絕對不留給孩子討價還價的餘地。

即便如此，每年寒暑假還沒開始，三小子還是照例躍躍欲試，想要衝破防守線。

「放假嘛，幹嘛那麼緊張，天天都寫作業啊？」

「我同學都不用做什麼家務事，為什麼只有你這個媽這麼龜毛囉嗦？」

「我牙齒又不痛，幹嘛一定要去看牙齒啊？」

我總會反問小子們：

「把暑假作業分攤，按日來寫作業，合理嗎？」

「身為家裡的一份子，分擔家務合理嗎？」

「利用長假，學習一項重要的、困難的家務，合理嗎？」

「利用假期鍛鍊身體、維持健美的身形，合理嗎？」

「只有長假才抽得出充分的時間檢查牙齒，合理嗎？」

每一句叩問，小子們都心知肚明——完全合理，找不到任何可以反駁的藉口。然而在他們頻頻點頭之際，也沒有任何人面露贊同的欣喜神色。

我懂得察言觀色，我當然知道小子們忿忿不平，但是只要我確定一切合理，必定只有平靜而嚴正的這一句話：「如果大家認為合理，就不要再跟我討論！」

語畢，我便拂袖而去。

要享權利，得先盡義務，遊戲規則從來不可能改變；三小子任務盡了，我也會終止所有監控，拂袖而去。只有一次又一次的堅守立場，護持界線，讓遊戲規則變成了慣例，孩子的日常生活才能上軌道。

每天的生活中，孩子有太多時刻試圖衝破防線，或死皮賴臉，或相應不理，或頂嘴反抗，或使用拖延戰術，但最後都會發現媽媽我的態度與立場始終如一，毫無鬆動，他們則必定會用各種強烈的「語言」或「非語言」訊息知會我：

（（（媽媽，我討厭你！）））

（（（媽媽，我非常討厭你！）））

甚至是：

（（（媽媽，我非常非常恨你！）））

是，不用小子們開口，我完全了然我是一個顧人怨的「討厭鬼」。然而，只要確定一切合情合理，特別是合乎雙方的認可，對於孩子的憤恨，我還會平靜而嚴正的說出這一句話：「媽媽我不怕得罪你們，只怕沒把你們教好！」

對人的態度不恭敬，我會請孩子將心比心，想想對方的感受，然後倒帶，重新表達一次！

仍然做不好，對不起，那請耐煩仔細地看老媽完整的示範；還是達不到標準，對不起，那只好練習三次！

作業敷衍了事，對不起，請想一下這樣對學習有沒有幫助？還是浪費了自己寶貴的時間？對不起，我們有協定過「回家作業的標準」，媽媽得退件，得擦掉，而你也清楚，寫不好就是得重寫！

心不甘情不願？對不起，我也將心不甘心不願，拒絕為你們不負責任的作業背書！因為我也希望孩子們理解：「簽名」是需要負責的，是一件嚴肅的事情！

我當然想永遠被孩子愛戴、擁抱，做個他們心目中的「好大人」！但是我這個「好大人」若要能擔保在未來產出另外三個「好」的大人，就得始終如一的守住「愛孩子」與「管理孩子」的分際！

站得住腳的管教法則

我一向認為，只要要求合理，就不用怕得罪孩子。

我告訴自己：

「不必過份同情你們多流的眼淚，如果你們真的衝撞了界限！」

「不必過份關注你們喃喃的抱怨，如果遊戲規則合情合理！」

所以，在每個齟齬的當下，我都會明白的告訴孩子們：「媽媽真不怕得罪你們，但真怕沒教好你們！」

請父母一起來思考一個問題：我們到底應該害怕孩子們一時的傷痛不快之感？還是該害怕孩子未來可能因裝備不齊而必須獨自承受更嚴重的「傷害」？

在教養的過程中，和孩子之間絕對不可能沒有衝突！只要把注意力放在合情合理的規定之上，千萬別把注意力放在孩子的憤怒與抗爭之上，這樣就不會讓孩子的抗爭得逞。而只要孩子從未得逞，他們就會更尊重約定，更清楚界線，教養才會越來越順手，越來越輕鬆。

我是嚴厲的慈母

只要是孩子，永遠只會嫌樂趣太少，責任太多；嫌自由不夠，限制太多。
所有孩子對於父母堅守原則的這一面，當下也只會有滿腹的怨恨。
然而，父母的角色本來就不是永遠在討好孩子，
為什麼得永遠站在他們的立場，滿足他們的需要？

很多媽媽問我：「教養三個男孩，你可能好聲好氣的說話嗎？」

你說呢？

其實，我常常處在多重人格狀態。

一天之中，有四分之一的時間，我是三小子的哥兒們，和他們稱兄道弟的無所不談，超級麻吉。他們會把班上最不堪入目的低級趣味告訴我，也會問我一大堆亂七八糟的問題，他們和我談理想，談夢想，談怪力亂神，談未來志向，談對女孩的看法，甚至談性。

另外有四分之一的時間，我會百分百的走溫情路線，無預警地，隨便就抱一

個來啵一下，抱兩個來聞一下；走過去摸一下頭，走過來再拍一個小屁股，三小子會用小貓咪般的馴良眼神告訴我，他們好幸福，好愛媽媽！

但是，剩下二分之一的時間，我儼然像是三小子的晚娘，公正公平，鐵面無私。已經預告過的事情，小子們可別給我裝傻；規定好的事情不要隨便耍賴，白紙黑字寫清楚講明白的家規，誰都不准得寸進尺鑽漏洞。

媽媽們或許會問：「這麼嚴厲，妳不怕把親子關係搞得很僵嗎？」

我認為：本來父母的角色就不是永遠在討好孩子，我為什麼要內疚？孩子又不是我的「客戶」，為什麼得永遠站在他們的立場，滿足他們的需要？

教好孩子原本就是我們最重要的責任，而在這個盡責的過程中，我可以學習更有效的話術與溝通技巧，讓孩子的反彈降到最低，但一定得認清一個事實：所有孩子對於父母堅守原則的這一面，當下只會有滿腹的怨恨，絕不可能出現百分之百的認同，甚至還懂得感激父母。

你想，孩子可能會這麼說嗎？

「媽媽，謝謝你要求我重新把碗洗乾淨，因為這樣，我將來才可能盡責的做好工作！」

「媽媽，謝謝你把我的功課擦掉退件，因為這樣，我才可能多做練習，熟能生巧！」

可能的，孩子當然可能會這麼說的！

終有一天，當孩子充分體認到自己的能耐確實因著父母鍥而不捨的「監督管教」而大大提升之時，絕對會出自肺腑地道出如此成熟、有良心的感恩之語。

在此之前，就是必須認清一個事實：只要是人，永遠只會嫌自己的利益不夠，好處太少；而只要是孩子，永遠只會嫌樂趣太少，責任太多；嫌自由不夠，限制太多！

曾經，有一位小子們的游泳教練跟我談到他和媽媽的關係非常親暱，如今他已二十多歲，仍三不五時打電話給他老媽「塞奶」，說他好想老媽，而他媽媽也會不時打電話說真想他這個乖兒子，兩人總是熱線你和我，嘻嘻鬧鬧，無所不聊。

「那小時候呢？」

「喔！小學和國中時，我媽也很疼我的，但她可是非常非常嚴格的！」

「怎樣嚴格？」

「我媽狠起來，可是會給我斷炊的哩！」

「怎樣斷炊呢？」

「連續兩餐沒飯吃，真的餓到發昏，餓到投降！」

「為什麼這麼狠？」

「因為他說我要當他的孩子，就要聽從管教；如果不聽從，就別當她的孩子，那她就沒有責任養育我！」

「那當時你覺得如何？」

「我有時真的有點恨她那麼嚴厲！」

「現在覺得呢？」

「嗯⋯說真的，我還蠻感激我媽的！因為她一直在很多小事情上都嚴格要求我，訓練我，毫不放鬆，所以我到十八歲時，當朋友都還在伸手向家裡要錢，或者什麼事情都由父母打點時，我已經可以自己打工、自己養活自己，也能把自己照顧得很好，因為我非常獨立，那時她就覺得可以放心了，也就不再事事要求，態度完全一百八十度大轉變。而透過我媽的狠心，我也很早就明白一件事情，我所有的行為都必須由我自己負全責！」

「你真的感激你媽曾經那麼嚴格管教你？」

「真的！」年輕的臉孔一臉明亮。

我的快速變臉術

當了父母之後，我很快就學會了快速變臉術，有時要有能融化孩子的慈母笑靨，能讓孩子願意對我敞開心房；有時要醜化自己扮小丑，尋孩子們開心；但是當孩子犯錯時，我絕對毫不留情的扮晚娘，臉孔該沉下來就沉下來，語調該嚴肅就嚴肅到底，用意是提醒孩子踩到了界線，在這些時刻若還要裝慈母，那麼單純無知的孩子恐怕永遠學不會分辨是非對錯！

有幾次咱家的調皮男孩還會在被我處罰時故意嘻皮笑臉，然後瞄過來看看我有沒有偷笑，意圖軟化我的態度，我當然也不會中計，因為面對孩子的犯錯，若是我自己都蠻不在乎，那麼孩子當然也就會當成一場兒戲了！

當然，如果孩子被處罰完畢，知錯能改，我絕對立馬從晚娘變回慈母，投以熱情溫暖的一抱。因為，我真的愛他們，希望他們好！而他們願意改好，就值得我更靈活的「變臉」！

孩子，世上沒有獨享的愛

孩子如果從小就能體會到這個世界不完全屬於他們，
知道任何人的「愛」絕對不會只分給他們一個人，這是值得慶賀的事。
因為，他們能從被迫分享「爸爸媽媽」開始，
理解到「分享」的真義，也學會「好好與自己相處」的本領。

父母是奇怪的動物，總是容易對自己的孩子湧生各種愧疚之感。一個孩子的父母，會覺得沒能給孩子添手足而感到愧疚；但兩個以上孩子的父母，又會為自己不能充分陪伴每一個孩子而感到自責。

每次演講，都有父母向我真情告白，因為覺得無法全心陪伴每個寶貝而非常愧疚，特別是孩子們的年齡很相近，幾乎都處在黏膩父母的時期，寶貝的強烈佔有慾往往壓得他們喘不過氣。

我家三個兒子年齡接近，我分別經歷了兩次「孩子搶媽媽」的恐怖紛亂期。老實說，那些歲月實在難熬，苦無對策的我，竟然被逼到丟下一句：「寶寶們快去

拿菜刀來，把媽媽切成兩半、一人一半吧！」

然而，就是這些處境逼使我絞盡腦汁地想辦法，就像變魔法似的，最終變出了時間；而當我束手無策的時候，更是這些處境逼使孩子們不得不去接受一個事實：爸爸媽媽就是「不屬於任何單獨的一個人」。

然後，孩子們從失望、痛恨、絕望中領悟到，自己要能自立自強、自己一定要能生出自得其樂的辦法！

於是，孩子學會了把爸爸媽媽拋諸腦後，認真專注在自己喜歡做的事情之上：專心拚命組裝機器人、認真的用畫筆記錄所見所聞、翻出各種媒材進行創作、觀察植物動物……，他們這才發現自己能做很多事情，而且每件事情都很好玩，於是嘗到了「自我探索」的充實與喜悅。

於是，我跟那些父母說：「恭喜你的孩子啊！他們很小的時候就有機會體會到這個世界不完全屬於他們，知道任何人的『愛』絕對不會只分給他們一個人！他們從被迫分享『爸爸媽媽』開始，就已經理解到『分享』這兩個字是如何運作的；更棒的是，他們因此很小就學會了『好好與自己相處』的本領喔！」

本來，這個世界上，父母的愛、老師的愛、朋友的愛、老闆的愛、情人的愛、老公的愛、老婆的愛、大自然的愛……，都不可能只屬於一人所有啊！

所以，如果我們捫心自問，在有限的時間與體力之下，已經盡其所能的陪伴孩子，那麼老天爺不讓我們變出分身去充分滿足每個孩子的需求，必定有其設計的用意：就是要孩子學會自己陪伴自己、自己滿足自己、自己發現自己；並且領悟到世界的資源，不論是有形無形，都不是為任何一個人單獨準備，絕非一人可以獨吞獨享！

怕孩子生氣的父母，無法鐵了心管教孩子，最後會造就無法無天的孩子；而老擔心愛孩子愛得不夠、陪伴不足的父母，最後則很可能養出不懂得分享、怨天尤人，又不懂得自處、依賴性強烈的孩子！

無法獲得無微不至陪伴的孩子，才是最有福氣的孩子！

有缺乏愛的孩子，也有快被愛溺死的孩子；有過早承受壓力的孩子，也有沒機會長大的媽寶。最健康的親子關係，應該是在心靈深處深深地連結，但卻保持一定的物理距離，留給彼此適當的空間。

我在《牧羊少年奇幻之旅》一書中找到一段極好的譬喻：

太陽回答一位旅人說：「我離地球可遠了……我知道怎麼去愛。如果我靠近地球一點，即使只是那麼一丁點，地球上的萬物都會死掉。所以我們就彼此相望。我給地球生命和溫暖，而它給我生命的意義……」

這不啻就是「愛」的真諦嗎？

太陽與每一顆星球都保持適當距離，讓星球在剛剛好的引力下穩定運轉；太陽以恆定的溫暖輻射四方，草因而滋長，花朵循環綻放；那我們之於孩子的距離，是太遠？太近？我們輻射的愛，是太多？還是太少呢？

只有一份剛剛好的愛，維持剛剛好的適當距離，如小行星般的孩子，才能自在地發展自我，走出一條自己運行的美麗軌道，親子雙方的生命才能相互彰顯而壯大！

給孩子剛剛好的愛

現在的少子化現象有個後遺症，就是——父母會不自覺地過度關注孩子，將時間、心力、資源都集中投注於孩子身上，深深介入孩子生活的每一個層面。

我曾到一所明星小學演講，一進演講室，座無虛席，從父母殷切的眼神，我立即感覺到父母對於栽培孩子的投入，因此，當下就覺得不需要再強調預定的演講重點，例如：「充分陪伴孩子的成長」、「鞏固親子關係」等。

反之，在教育資源豐沛的學區，針對「過度親職」的潛在可能性，我倒想提醒父母反思考自己是否有下列的問題：

- 容易把生命的關注焦點集中在孩子身上。

- 過度在乎或是解讀孩子的感受。
- 深怕孩子吃上一點點小虧。
- 擔心孩子受到老師同學的不公平對待。
- 常常擔心孩子因遇到挫折而心靈受創。
- 常常因一點小事情就立即出面為孩子打抱不平。
- 過度在食衣住行各個層面為孩子排除萬難。
- 為孩子解決他們自己製造的錯誤與麻煩。
- 太快速滿足孩子的各種需求。
- 物資過於豐厚。

是表達自我，還是惡劣頂嘴？

尊重孩子的限度在哪？父母一定得分清楚孩子是「正當而健康的表達自我意見」，
還是「為反對而反對，蓄意頂撞父母」。
如果用字粗暴、態度惡劣、道理不明，這就是頂撞父母，
這時候若還談尊重孩子、讓孩子暢所欲言的表達，就是豢養驕寵怪獸。

隨著孩子一個個長大，孩子不再以媽媽為世界的中心，只繞著我團團轉；也不再以我為恆星，總是在一個可預測的軌道上乖乖運行。他們開始有自己的想法，也勇於表達自己的想法，甚至勇於表達自己的喜怒哀樂，特別是在親暱的父母面前，他們無所顧忌，直言不諱。

在威權教育下長大的我則多了一個重要的學習：我得耐著心學習尊重這一代勇於表達的孩子，更要理解孩子「適度的頂撞父母」是他們成長中的必有反應，叛逆總無可避免。

但是，尊重孩子的限度在哪？在多次親子齟齬之後，我發現我有更重要的功課要學習：我一定得分清楚孩子是「正當而健康的表達自我意見」，還是「為反對

而反對，蓄意頂撞父母」？

在講求個性化、獨特性的現代，這個界限若無清楚定義，很可能在一味的尊重、順承孩子之下，把他們養成態度傲慢、不懂得尊重他人、過於自我中心的大怪獸。

如今，我已經掌握了分辨「孩子自我表達」與「惡意頂撞」的差別。

很會安排自己生活作息的凱凱，一向對自己安排週末生活很有主張。都已接近段考，小子還是堅持週末不溫書，一定要留時間做自己想做的事情。

「快段考了，週六不排複習進度，這樣會來不及！」我擔憂的詢問。

「不會，馬麻，我自己會安排！」

「你的數學都還一知半解，考試也還不怎麼理想，難道不該留時間好好補救嗎？」我建議。

「我自己會安排，你可以不要管那麼多嗎？」

「你哪有時間？週六難道不是最好的時光嗎？有大片的時間讓你一題一題再好好練習啊！」我不死心的建議。

「我會利用星期一到星期五，每天晚上抽出一點時間多練習一些，這樣就好了！」

「現在週間每天都有很多考試要準備，你哪來多出來的時間呢？我看你還是週六挪一些時間出來比較好！」

「我才不要！週六我要做我自己已經計畫好的事情。馬麻，你可不可以不要管我？拜託！我自己可以安排好！」凱凱非常堅決。

幾經溝通，小子就是不聽從我的建議，而我再說服下去，或是強壓他一定得按照我的計畫，小子必定會翻臉，必定從「表達自己的意見」變成「惡意頂撞」！

在這個點上，做為媽媽的我該生氣嗎？說實在，在當下，我不是生氣，只有憂心，憂心孩子課業沒辦法好好複習完畢。但即使我真的逼迫孩子週末一定得複習課業，孩子就真的會乖乖聽話嗎？即使凱凱真的願意在週六拿出數學習題重做，他能平心靜氣和、專注認真的練習嗎？

當然不會，反而必定是愈寫愈憤恨，愈寫愈沒興趣！

當下，我便知道，在這個點上，孩子是在發展自己的思想，表達自我的主張，學習自我安排。

於是我便平心靜氣下來，與凱凱討論週間的每一天如何挪出時間做數學的補救工作，並且從旁提醒與監督。然後，我就放手，尊重他的想法，也讓他自己練習自我負責。

不過，不少時間，孩子在表達自己意見之時，不論有沒有道理，往往根本沒注意自己的態度惡劣、語氣極差，甚至用詞粗暴；如果再加上意見本身根本沒道理，那麼就是惡意的頂撞！

鈞鈞對於沒有興趣的功課往往會交差了事，有時候一整篇作業字跡潦草、錯誤百出，我一看到這樣的作業品質，就會直接退貨。小子一想到要擦掉重寫，當然就非常不耐煩，馬上爆粗口：「你幹嘛要我重寫啊？我功課關你屁事！你煩死了！」——對，這就是頂撞父母：用字粗暴、態度惡劣、道理不明！這時候若還談尊重孩子、讓孩子暢所欲言的表達，就是豢養驕寵怪獸！

當然，當下，我非常憤怒，覺得在人倫關係中居於上位的老媽我，自尊完全被孩子踐踏，更何況我的出發點是出於愛孩子、要孩子對自己的課業負責？

我也曾經立即爆出憤怒回罵孩子，但緊接著上演的，就是孩子爆以更惡劣的回應，最後親子吵得天翻地覆。

在一次次經驗中，面對孩子的無理頂撞，我歸納出以下方法：

●惡劣頂嘴必定處罰

幾乎每個孩子在成長過程中都可能發生爆粗口頂撞父母的情形，因此家長應該要有預防措施，也就是讓孩子清楚知道，他若有不當的頂嘴、態度惡劣，必定得接受處罰。

● 處罰必須與孩子頂撞的內容有相關性

例如，孩子是因為使用手機的問題而頂撞父母，那麼就沒收他的手機；如果是因為房間太亂不整理而頂撞父母，那麼就要孩子負擔更多的家務事。

● 當下要讓孩子非常清楚爸媽受到傷害

以「我」作為談話的開頭，儘量平靜的表達感受，例如：「我聽到你說『關你屁事』這幾個字時，我感覺很受傷，很受侮辱！我覺得非常傷心，不能忍受。」其他則不必多說，也不需要急著談道理。

● 對孩子無法停止的憤怒與抗議置之不理

如果孩子憤怒到無法控制自己的惡言惡語，那麼一定要實行「暫停隔離法」，把孩子直接帶到隔離的空間，然後跟孩子說：「等你平靜下來，媽媽我才有辦法聽你說話。」如果繼續和孩子惡言相向，親子雙方一定雙輸！

● 執行處罰時絕不心軟

孩子在頂撞時腦門充血，什麼狠話都敢撂下，但是這樣的衝動隨著長大應該要有能力抑制。當爸媽的處罰令一下，有些孩子馬上會後悔莫及，巴著父母、苦苦哀求，此時，父母絕不可心軟，孩子該受到處罰就一定要接受處罰，一定要讓孩子記取教訓。

營造好辯的情境，就會養出「惡質名嘴」

通常孩子愈是咬牙切齒不斷想反擊爸媽，家長就愈想在當下搞定一切，因此就會急切的想要把事情說清楚、講明白。

然而此時，孩子只想到自己的委屈，或是一心只想激怒父母，根本就不是談道理的好時機！於是，父母多講一句道理，孩子就多頂撞一句，一來一往之間，就讓孩子不斷飆出難聽的話、傷害父母的話。這種狀況，就是爸媽自己跳進火坑為孩子添柴火，激出憤怒又善於狡辯的孩子！

請切記，在孩子頂撞的一開始，父母只要表達自己不舒服的感受，千萬別在節骨眼上拚命講道理、想要說服孩子，這樣，孩子不只會把耳朵大力關上，還會激起連珠炮的回嘴效應，最後養出一個「惡質名嘴」！

「你又說謊！」為什麼孩子不敢說實話？

了解小孩說謊的原因，比處罰說謊更為關鍵。
孩子說謊多半是為避免父母的擔心或處罰，或為博取注意與讚美。
給孩子一個安心的氣氛與環境，讓他們能卸下心防；
也可以向他們保證屆時將減免處罰，甚至還會得到「誠實獎」的小禮物。

處理自家三個孩子說謊的經驗，以及與其他家長交換意見之後發現，只要孩子開始學說話，沒有人不曾說過謊，因此其實說謊並非是多麼嚴重的大錯。

然而，父母如何處理孩子說謊，卻非常關鍵，不適當的處罰不但不能杜絕孩子繼續說謊的習慣，反而會讓問題更形嚴重。

就讀小五的小宏，爸媽平常管教相當嚴厲，尤其對他的學業表現有很高的期望，作業寫不好、考試不理想，都會受到嚴厲斥責，甚至遭棍棒伺候。

原本小宏的成績也屬中偏上，但望子成龍的爸爸卻始終不滿意，總把標準訂得很高，要他往全班前三名衝刺，於是每次考完試，小宏都異常害怕沒有達到爸爸的要求。

然而，小宏自覺已經盡力，也實在沒辦法再有所突破，所以只要考得不夠理想，就乾脆把考卷藏起來，自己簽名。

沒想到，緊盯小宏課業的爸爸看不到考卷，就質問小宏，小宏支吾其詞，一下子說老師沒發回來，一下子又說在學校訂正好就直接交回給老師。

老爸開始對小宏起疑，百般逼供下，小宏終於承認是因為自己考得不好而自己偷偷地簽名交給老師。

小宏爸爸聽完後氣急敗壞，抓起衣架就往小宏身上亂打一通，打到小宏全身發抖，瘋狂哭叫。

然而此後，小宏的爸爸並沒有因此放低學業標準，所以小宏仍舊在爸爸過高的期待下忐忑度日，於是便想出別的方法來矇騙爸爸。

他竟然謊稱考卷不見了，然後假報一個爸爸滿意的分數。小宏的爸爸當然一聽就起疑，於是便更加嚴厲的逼問，害怕的小宏當然打死不承認，但老爸打破砂鍋問到底，小宏最終承認已把考卷丟進垃圾桶。

這次的後果當然更為慘烈，小宏對自己不斷扯謊感到非常愧疚，但也因為始終達不到爸爸的要求而感到深深的自卑，雖然知道對不起爸爸，但對於爸爸的嚴厲起了恨意。

進入中學後，小宏變得愈來愈叛逆，既然達不到要求，小宏乾脆自我放棄，最後從中上的成績直直落，連書都不想碰。

受過道德禮教的父母一旦知道孩子說謊，幾乎都會反應過度，所謂「小時候偷瓜，長大偷牽牛」，直覺認定自家的孩子已經變壞，於是就像偵探一樣，一心逼問，而忽略了潛藏在孩子內心的不安或根本的問題。

了解小孩說謊的原因，比處罰說謊更為關鍵。

孩子說謊多半有兩個原因。一為避免父母的擔心或處罰，二為博取注意與讚美。

小宏正是因為想要逃避父親的嚴厲責罰，但是父親並沒有探究原因出在自己不適當的期待。

如果小宏的爸爸及早知道要訂定合理的成績標準，讓小宏在能力所及的範圍內可以達到，就不會逼使小宏一再心生詭計，意圖矇騙過關。

不論孩子的錯誤是有心或是無心，比如不小心破壞物品，偷懶而沒有做家事、沒有盡到自己的責任等，只要孩子意識到會慘遭責罰，必定會鋌而走險的說謊。

不少孩子為了博取注意，也可能會吹牛，以炫耀自家財物或是自己的才能，來贏得讚賞。如果只單純訓斥孩子吹牛皮的行為，而沒有試著從根本來幫助孩子提升自信、教導他獲得友誼的技巧，孩子仍然會繼續用其他誇大的方式來贏得注目。

父母們在懷疑孩子說謊的時候都很心慌，於是焦點都放在想盡辦法找到真相。而一旦確認孩子真的說謊，父母不但沒有鬆一口氣，反而如聽到宣判一般，開始對自家「乖寶寶」的希望幻滅，異常不能接受，根本不想理解孩子為何說謊，便先針對孩子「說謊」的行為本身，嚴加處分，大打大罵。

這是處理孩子說謊最嚴重的錯誤，因為孩子將只會記得招認所得到的悲慘結果，而不會去思考正確的行為模式。為了避免處罰，孩子將變本加厲，用更高明的說謊技巧以讓自己逃避責打。

給孩子一個安心的氣氛與環境，讓孩子能卸下心防，要溫柔堅定的告訴孩子：「爸爸媽媽喜歡說實話的孩子！」

如果這樣還不夠，無法確信說實話有何保障的孩子還是會觀望，此時可以向孩子保證，如果誠實，爸媽將減免處罰，甚至會得到爸媽特別準備的小禮物「誠實獎」！

但如果不承認錯誤而最後被父母識破，不僅原來的錯誤要受到責罰，說謊本身還會受到額外的處分。

一次誣賴，就足以毀掉親子關係

對於有說謊前科的孩子，父母很容易理所當然的對他起疑，往往還沒找到證據，就已經在心裡暗自判決，認為就是他錯不了，特別是偷竊行為，父母很容易不加思索地犯下妄自定罪的錯誤，比如跟孩子說：

「上次是你偷的，這次不會又是你拿的吧？」

「誰知道你有沒有改過自新？我沒辦法不懷疑你！」

「如果是你拿的，最好你自己承認吧！」

「不要被我逮到，我會加倍處罰！」

只要有一兩次孩子被誣賴，就足以完全破壞親子之間的信任感與親密度。而被定罪的孩子也因為父母貶低其人格而喪失自尊，愈來愈不覺誠信的可貴，因為做與不做，父母都首先懷疑他。

在沒有找到證據之前，父母絕對要保持言詞上的中立，父母要做的是鼓勵所有的孩子都要誠實，而在暗地裡查詢真相，一切必定按照證據來說話。

【父母怎麼辦】

事業、家庭難兩全，我該辭職回家帶小孩嗎？

Q 身為一名職業婦女，常常看到教養文章的貼心提醒「孩子的成長只有一次」，要父母把握陪伴孩子的黃金時期。而每次我去接孩子回家時，總是對白天沒有陪伴到孩子感到很遺憾，也很愧疚，因為自覺沒有盡到母親的責任，因此回到家後確實會比較溺愛孩子。到底職業婦女該如何調適自己的心情？該不該乾脆回家帶孩子呢？

A 曾經是職業婦女的我，很能理解這種矛盾的心理，而這也是當年促成我離職回家的主因。

如果問我再一次選擇的話，會不會仍舊要回家當全職媽媽？

我的答案是，如果當年所有的條件都不變：身旁沒有信任的親人幫忙照顧孩子；在不鋪張浪費的前提下，家庭的經濟仍可支撐下去；另一半的工作依舊非常忙碌，無法分擔育兒責任。如此，我必定依然會選擇回家帶孩子。

畢竟，夫妻兩人都忙碌、身邊又沒有援手，孩子必定難有平靜安穩的成長歷程。

相反的，如果當年的條件都相反，我則有極大的可能選擇繼續留在職場。如果你也有這些好條件作為後盾，其實，放棄一份好工作未必是明智之舉。

留住一份好工作，不僅能讓你在工作與家庭之間轉圜，讓身心趨向平衡；對一位無法忘情於「自我追求」的女性而言，長期來看，這將是最正確的抉擇。

但如何克服自己的罪惡感呢？

我們以幼兒建立「依戀感」與「秩序感」的角度來思考。

孩子在出生後的前三年，最需要的是與一兩位主要的照顧者建立起穩定、溫暖的連結關係；而這一兩位照顧者對寶寶而言，渾身都散發著母性的光輝，是他們最依賴的力量，也是學習「愛與被愛」的第一個範本。

被包覆在這種無條件的母愛之中，對嬰幼兒來說，和喝奶睡覺一樣重要，因為，這是他建立安全感的唯一方式，也使他能生出探索世界的勇氣，並且以此奠定「與他人建立互信互愛關係」的基石。

既然這部分如此重要，身為母親或父親，勢必無可推託，畢竟，孩子需要在日日相伴中才能熟悉你的身影，沾染你的味道，與你建立起不可分割的獨特親密感。

不過，這不意味著一天二十四小時，全天下只有你才能成全他全部的依戀需求。

你可以選擇讓他全然依戀著你，也可以讓他張開雙手，多擁抱一份穩定恆常的愛。

因為在學齡前，孩子能透過與生俱來的「秩序感」，在安穩固定的作息中，學習去區分並適應「不同時段」的依戀對象。

只要確定這兩個依戀對象都是真心地愛他、能好好陪伴他、照顧他，而且不隨意變動，你就可以相信孩子天生具有一定的適應能力。

而以更樂觀的角度來看：擁有一位以上的照顧者，孩子將被塑造出更強韌的「社會適應性」！未來，他將更有能力與不同的人建立連結關係。

雖然把孩子一半的深刻愛戀切割給別人，是令媽媽或爸爸不捨的代價；但是，你卻能換得「在工作與家庭間切換心情」的機會！

「轉換環境」是「更新情緒」最有效的方式，因之，一個工作適量的職業婦女，多半情緒商數都比全職媽媽好；而快樂的媽媽，將是創造快樂孩子的必要條件！

如果依然克服不了自己的罪惡感，或是無法抑制親力親為的強大母性，而缺了你這份薪水，全家運轉也將無誤，是不是就要大膽回家？

且慢！請務必仔細考慮最重要的一點：自己的個性。

我們這一代的女性，無疑的，有更多的自覺，有更強烈的自我成就動機；相反的，我們有更少的持家本領，更不足的耐煩耐操個性。

終日與柴米油鹽奶粉尿布寶寶哭鬧為伍，真的如同無窮無盡的長泳，一旦下水，便難以探出頭來自由呼吸。

你，真的能適應？不妨利用一段育嬰假期來考驗自己！

隨著孩子的成長，對你的依賴勢必日漸減低，而你對自我的追求勢必會再度覺醒。如能保有一份工作，也是為自己完整生涯保有一份「再度進攻」的機會！

孩子除了感受到你無私無悔的母性，也能看到你勇敢追求的身影，這將會是父母另一股激勵孩子的力量！

綜合以上的論述，我的衷心建議是：

- 相信孩子與生俱來的適應能力。
- 每天一定在固定的時間（最好在晚餐前）把孩子接回家，一起用餐、一起共讀、共玩、親密的肢體親密接觸、互道晚安與早安。
- 相信多於一個依戀連結關係的孩子，在人際互動上更具彈性，適應力更好。

- 慎選保母與幼稚園。選定之後，不要輕易更換，因為秩序感需要時間來建立，隨意遭破壞，將會讓孩子焦慮、古怪、難纏。
- 當孩子進入小學，讓孩子看看你工作時的真面目，讓他明白雙親還用不同的方式來愛這個家、支撐這個家；同時，讓他明白，不論男性或女性，都可以追求「自我實踐」。這將能鼓舞孩子大膽的追求自我。

第二章

孩子尊敬「多一分堅持」的父母

放手的第一課：訓練孩子自己起床

要讓孩子養成自己起床的習慣，除了讓孩子「睡飽」這個最重要的前提外，
就只有一個法寶——狠下心！絕對不要插手去叫孩子起床！
藉由因遲到而被學校處罰，孩子才會提高警戒心，
他們才可能認真思考癥結所在，也才會逼迫自己做好自我管理、對自我負責。

每次去演講，我都會隨機做個田野調查，問問誰家的孩子能每天自己起床？沒想到，每一場演講、每一個學校的結果都一樣，總是只有一兩位媽媽舉手。緊接著，旁人都用不可思議的眼光望向他們，大家的眼神都透露著一樣的好奇：到底是怎麼做到的？

而媽媽們的回答都一樣，除了讓孩子「睡飽」是一個最重要的前提之外，要讓孩子養成自己起床的習慣，就只有一個法寶——狠下心！絕對不要插手去叫孩子起床！要能狠下心看孩子姍姍醒來，狠下心看孩子草草用餐，狠下心看孩子匆匆出門，狠下心看孩子頻頻遲到。這樣，「不出幾個星期，不用父母嘮叨，孩子就會養成自動起床的習慣了！」

為什麼？因為遲到會被學校處罰，所以孩子與生俱來的「警戒心」就會升起；因為太晚起床，凡事匆匆忙忙，孩子才懂得自己設定鬧鐘、計算時間，則「時間感」才會在其內部建立與運作。

更因為體驗到「自己能為自己的起床」負責，因而對自己的能力感到有信心，才可能進一步去嘗試更多必須自我掌控、自我負責的任務。

台下的父母聽完這些狠心父母的心得，都面面相覷，大家心知肚明，道理都懂，但都輸在——狠不下心！

「就是會怕孩子遲到啊！」

「就是會怕孩子早餐沒吃飽啊！」

「就是會怕孩子丟臉啊！」

「就是會怕孩子被處罰！」

於是，一次又一次，一天拖過一天，錯過了孩子應當自我訓練的最佳時刻！

對多數低年級以下的小朋友來說，因為其自我掌控力尚不成熟，時間感又極為薄弱，因此，無法自己起床是極為正常的，也很難訓練。

但是中年級開始，就是訓練孩子自己起床的最佳起始點。

孩子一聽到要開始自己起床，都會憂心忡忡，不相信自己能夠做到，因此一定會跟我們討價還價。

父母不需要跳出來痛罵孩子懶惰，而是要理解他們內心的憂慮，一步一步帶著孩子做準備工作，說服他們相信自己能夠做到，幫助他們去累積成功的經驗。

首先，給孩子一個連續鬧鈴的鬧鐘，帶著他去計算醒來到起床的時間、刷牙洗臉更衣的時間、吃早餐的時間，讓他非常清楚從醒來到出門，大約要花費多少時間，然後教導他如何設定鬧鐘。

前兩個星期，孩子多半聽到鬧鐘鈴響，仍舊無法自己起床，我們可以循序漸進的幫助孩子。

- 第一至二個星期：教導孩子設定鬧鐘。鬧鐘響時，可以提醒孩子，一聽到這個聲音，請警覺要自己起床。
- 第三至四星期：每天叮嚀孩子在睡前設定鬧鐘，允許孩子每週有一到兩次依賴媽媽喊醒，其他則放手不管。
- 第二個月：每天叮嚀孩子睡前設定鬧鐘，但是放手讓孩子自己起床，並提醒自己要堅持到底。
- 第三個月：不再叮嚀孩子睡前設定鬧鐘，放手讓孩子養成自己設定鬧鐘自己起床的習慣。

而在這個過程中，孩子的自律性仍舊會起起伏伏，即使逐漸上軌道，也仍舊會有一兩次脫軌演出，不是忘了設定鬧鐘，就是鬧鐘響了不小心按掉，或是鬧鐘壞掉了根本不知道。特別是寒流來襲、春寒料峭之際，孩子還要對抗暖烘被窩的誘惑，難度更高。

但是既然已經把「起床」這件事情交到孩子自己的生命手中，那麼，就和孩子以及他的鬧鐘保持距離吧！只有透過每一次的失誤，孩子才可能認真去思考癥結所在，也才會逼迫自己做好自我管理、對自我負責。

為什麼不要用手機當鬧鐘？

有了手機之後，一般家庭大概都會捨棄鬧鐘，而讓孩子用自己的手機設定起床時間。沒想到，這卻成為親子衝突的最大來源之一。

當孩子把手機帶進臥室時，除了設定鬧鈴之外，難免在睡前滑一下手機，上網、玩遊戲，瀏覽社群或是Line，天高皇帝遠，誰也管不了。當東窗事發時，父母發現孩子玩到半夜都不睡覺，又是生氣，又是擔憂，更是心疼，因此親子雙方必上演大爆走。

此外，根據研究，充電中的手機電磁波強度，是未充電手機的九百七十九倍。電磁波是致癌的來源，也對中樞神經、免疫功能、心血管系統、生殖系統造成嚴重危害；在黑暗中使用手機，強光直射將造成眼睛黃斑部病變，導致視力急速惡化，甚至失明。

一般人多半利用睡眠時充電，孩子也不該例外，所以，若是把正在充電的手機放在床頭當鬧鐘，那麼就是強迫孩子在強力輻射中睡眠。而兒童腦殼比成人更薄，受輻射危害的程度更大。

為了維護孩子的健康，又能免去親子衝突，傳統鬧鐘是最佳的選擇。

即使下雨，也要讓孩子自己上學

總有一天，孩子得離開父母的保護，學會獨自面對種種困難與挫折。
教會孩子自立，讓他們在任何條件下都能堅強地生存著，是父母最重要的責任。
如果碰到「雨天上學」這種小事，就想送孩子上學，
我想，那是我還不夠愛孩子！

么子鈞鈞看國家地理頻道時，頻頻喊我來一起觀賞一段「熊媽媽狠心教子」的精彩畫面。

一隻熊媽媽想要教導兩隻小熊寶寶游泳渡河，眼看小熊因為害怕都不願意下水，熊媽媽就直接把小熊們大力推進水裡，然後自己快速地游到對岸一邊涼快，逼得讓小熊們只能靠自己的求生本能，掙扎渡河。

結果，小熊踉踉蹌蹌地，極度難堪吃力地，在幾度掙扎中，終於狼狽上岸和媽媽會合。

「熊媽媽好狠喔！」我說。

「沒辦法，這樣才能訓練小熊寶寶游泳，熊媽媽這麼做是對的，因為牠們總

有一天要自己生存，還要自己去抓鮭魚啊！」鈞鈞有所了悟的說。

「所以，媽媽也不能幫你做好所有的事情，總有一天你也會長大，得靠自己的力量生活。」

「這我知道，每次看動物頻道，我都覺得動物媽媽們很會訓練孩子，比如說，很多鳥媽媽一定會很認真的教鳥小孩學飛，哺乳類動物媽媽幾乎都會教導小獸們捕捉獵物的訣竅。不過，只要這些動物媽媽們發現小孩們學得差不多了，都會變得非常無情，像是陌生人一樣，再也不幫任何忙了！」

「你覺得動物媽媽這樣會不會太無情了？」

「沒辦法啊，這樣動物寶寶才能訓練自己求生存啊，動物媽媽這樣是真正的愛自己的孩子吧！」

「可是，馬麻我可沒有動物媽媽們那麼厲害ㄟ，因為有時候我還是沒辦法像熊媽媽那們狠心ㄟ，看到你們有麻煩時，都還是忍不住幫你們忙。所以，我可能不像熊媽媽那麼愛自己的孩子喔！呵呵呵……」

鈞鈞聽著張大了雙眼，露出些許疑惑。

隔天早晨，陰雨霏霏，三小子正要出門上學時，雨勢突然轉大，我的腦海立即閃現孩子被雨淋得一身狼狽，鞋子襪子濕透、行走困難的畫面，於是，按捺不住，就想直接讓孩子的老爸開車載孩子們上學。

然而，緊接著，前日那「熊媽媽袖手旁觀」的影像映現在我的腦際，我該學學熊媽媽才對吧?!

是啊，孩子們其實能自己著雨衣、自己撐雨傘、自己穿雨鞋，一路上還有愛心導護媽媽們的護衛，即使手上有大包小包，但比起不曾下過水、卻要冒死游泳的小熊，孩子們走上十五分鐘的上學路程，可真是小巫見大巫！

只有在這樣的雨天，孩子才有機會學習自己看好路，不去踩踏水窪，或者體會到亂踩水窪，將使自己的雙腳一整天都濕黏難受；只有在這樣的雨天，才可能逼迫自己去思考要用哪隻手撐傘、哪隻手提便當袋以及美勞用品；才有機會練習先穿好外套、再揹書包，然後再穿上雨衣、扣緊雨衣雨帽的適當順序。

一回生二回熟，這實在也沒什麼大不了好心疼的啊！

我帶著微笑，淡定地和孩子道別：「孩子們，下雨天，自己要看好路喔！請保持鞋襪的乾爽，這樣腳丫子一整天才會舒舒服服的喔！Have a nice day！掰掰囉！」

狠心愛孩子

生活中有很多天賜的良機，在在要我們父母認清楚，那是老天爺出給孩子「自我鍛鍊」的小作業，父母要生出智慧，自動退位，就讓孩子自己完成吧！

唯有透過一件又一件繁瑣難纏的小事，一次又一次的練習，孩子才能增能力、長智慧；而因為在一次又一次的困難中看見自我的能力，孩子也才能建立真正的自信。

我若還免不了掛慮例如「雨天上學」這點小事，那真的代表著：我還不夠愛我的孩子！放眼孩子的未來，我得發狠、得袖手旁觀的大場面還多著呢！

別當「寶媽」，就不會養出「媽寶」

動物界的父母幾乎都以「教會孩子獨立」為最重要的使命，只有人類例外。爸媽常會用盡各種理由自我說服，認為孩子還無法照顧自己。於是，孩子在長期的放縱與被服侍下，逐漸失去自立的天性及本能。

我問一個美女同學，當年為什麼不選擇追她的醫學院男生，當個荷包滿滿的醫師娘？

她說，有一次跟那位醫學院的同學一起吃火鍋，在盤中有一顆生雞蛋，醫學男竟然手握著雞蛋好半天，不知所措，原來，他連怎麼打雞蛋都不會！

女同學不屑的說：「拜託，這種男的，我怎麼敢嫁？我想當的是人妻，可不是人母ㄟ！」

我又問：「那博士班的那個呢？他前途也應該不錯，怎麼當年也被你三振出局？」

「他？我說燈泡壞了買一個燈泡三十元就好，結果他找人來換要三百元！以後嫁給他，難不成我還要兼當水電工啊？」

聽罷，我目瞪口呆，思忖著，這種荒謬劇會不會也發生在我家三小子身上呢？

說實在，養三個兒子，我真的也怕養出三個上述討人厭的媽寶；而最後，我更怕他們「進化」成三隻啃老蟲，把我的一生啃光光，把我所剩的黃金自由歲月啃噬成枯黃骷髗。

綜觀兩性地位的演進歷程，我十分清楚，只有我們的上一代，是既有能力、也能無怨無悔地把「男人」當成「兒子」來照顧的一代。

而我們這一代，雖然心不甘情不願，但依然具備了把「男人」當「兒子」來照顧的能力。

但我兒子這一代，完全就是「女男平等」與「公平交易」的原生種；也可能是女兒比兒子更加寶貝的一代；更可能是女人洗了手也不會做羹湯的一代。她們既無從理解為什麼要照顧男人，也沒有能力照顧男人。

屆時，兒子們可是踏破鐵鞋也找不到類如我代又癡又傻又吞忍又認命又刻苦又能幹的女人，來繼承「養兒子之家業」。

即使兒子們能奇蹟式地找到，我也絕不忍心、更難理直氣壯的要別人家用心、用情、用盡一切栽培的小公主小美人，平白無故為我家兒子做牛又做馬。

因此，兒子漸漸長大，現在遇到問題，若是想都沒想就跑來要我伸出援手，我就會故意堆一張似笑非笑的臉，衝著他們說：「媽寶，你要我現在幫你忙嗎？可以的！但我以後我就叫你媽寶。」

大兒子就喊「大媽寶」，二兒子就喊「二媽寶」，三兒子就喊「小媽寶」。兒子們便會摸摸鼻子走開，兀自去思考自己該怎麼辦。

有時候，我會要孩子去想像一個畫面：再過幾年，人生旅途上，你們將不再會有如同「阿拉丁神燈」一般呼之即來的「爸爸」與「媽媽」隨侍在側。大部分的時間都得一個人去面對人生中的種種問題。那時候，你們會孤單嗎？你們會害怕嗎？你們有膽量嗎？你們有能力嗎？

想到這個畫面，孩子們就會非常清楚，現在一定得練就「自己面對問題、解決問題」的能力！而更清楚的是，現在我們對他們的狠心，正是因為太愛他們。孩子想通了這一點，不但不會怨恨我們的袖手旁觀，反而知道感謝。

事實上，對下一代放手，動物界的爸爸媽媽比人類父母做得好太多了，幾乎是一種生物本能！不少朋友應該看過一個熱門影片（https://www.facebook.com/photo.php?v=873105839370750&fref=nf），一位鴨媽媽帶著一群可愛的萌小鴨，準備爬上一階又一階的樓梯，鴨媽媽神氣活現地走在最前頭，輕輕鬆鬆就跳上了好幾個台階，然後就站在最上層一邊涼快，等著一隻隻鴨寶寶們自己跳上台階。

不過，每一層階梯對幼弱的鴨寶寶來說都有如攀岩般艱難，每一隻鴨寶寶跳了又跳，不是搆不到，就是翻滾倒下，三番兩次地癱倒在地上，讓路人看了很是心疼。

終於，有一隻企圖心旺盛的小鴨拔得頭籌，翻跳上去。緊接著，幾隻體格較為健壯的小鴨也輪番成功攻頂。最後，只剩一隻瘦小的小鴨，怎麼跳也跳不上去，令人不捨又緊張，不過，鴨媽媽始終在高處，不為所動，卻以極大的耐心，等待這最後一名的小鴨。

大約翻跌了十多次，旁觀的婦人都已按捺不住，發出同情的呼叫聲，這最後一名的小鴨終於翻跳上去，鴨媽媽這才氣定神閒地領著幾小鴨們，從容離去。

我打從心裡佩服這隻鴨媽媽，對於「對寶寶們放手」這件事，做得如此明快！動物界的父母，似乎比我們更願意相信孩子的能力，能保持適當的距離，更懂得堅持之道！

我極愛我的兒子們，我從不在言語上、情感上隱藏我的愛，但我還要愛得更深更多，也就是要常常提醒自己：千萬別太心疼、千萬別做太多，給他們自己闖吧！

吹點風，淋些雨，OK的啦！

放手，讓孩子長大

或許動物界的爸爸媽媽「能從容自在的對孩子放手」是一種天生的生物本能，影片中的鴨媽媽可能並無我們想像中的偉大與堅強，但若動物界的下一代都具有獨立自主的需求，那麼人類父母也絕對具有與生俱來的「放手」能力。

當我們專注在孩子對我們的依賴時，不妨好好分析、認同並學習動物媽媽們如鴨媽媽為人類父母展現的「放手」原則：

一、首先站在孩子前方仔細示範。

二、深深相信孩子與生俱來的求生向上能力。

三、從頭到尾的守候與陪伴。

四、耐心等待孩子自己展現能力。

五、絕不輕易插手，只有保持距離，等待再等待、耐心的等待。

吃學校的營養午餐，就是種幸福

我希望這個世代裡從未匱乏過的孩子能夠體會到：
學校的每一頓飯菜都是經過營養師精心計算養分、斟酌過菜色搭配的。
一口飯有一口飯的價值，一小菜葉有一小菜葉特別的養分與暖愛。
在這麼圓滿的用餐環境與條件，孩子們，還嫌什麼呢？

一位媽媽跟我說孩子挑剔學校的午餐很難吃，想幫孩子送飯或是自己私下訂別家的餐點，問我幫不幫孩子做午餐送便當？

「我不打算！我有三個孩子，這樣一來，中午要提前一兩個小時做三個便當，再跑兩個學校，哇！我恐怕沒這個時間哩！」

「孩子不會嫌學校午餐難吃嗎？」

「老大從一年級開始都吃學校的營養午餐，他從來沒比較過，所以中午一餓起來，都覺得很好吃呢！有時還跟我說學校煮的湯比我煮的好喝，他一喝就喝了兩三碗哪！而老三呢，懵懵懂懂的，還不知道要嫌棄學校的餐點；只有老二凱凱，看班上同學吃校外的『╳媽媽便當』吃得津津有味，常常回來跟我要求說他不要再吃學校的午餐，要跟同學一樣吃『╳媽媽便當』！」

「那你不要給老二凱凱試試看嗎？」

「不，我跟他說，學校的午餐都是中央廚房統一製作，有營養師的調配，一定營養均衡，少油又少鹽；而且每天有媽媽輪值去監廚，絕對衛生可靠，價錢又非常公道！我跟他說，這已經是最棒的選擇了！更何況，每天在學校不過就是吃那麼一餐嘛，真的想吃別的，我晚餐時就會幫他做了啊！」

那一陣子，剛好我讀到齊邦媛教授的鉅著《巨流河》，她在書中寫到年少時期邊逃難邊學習的慘烈生活，給我很大的省思。

當時，很多學生離鄉背井，在顛沛流離中要填飽肚子只能仰仗學校供應的餐點，不論學校供應什麼食物、供應得足不足夠，只要能固定吃到食物，就已是煉獄中的天堂。

書中描述，在戰亂中，半大不大的孩子們吃學校的大鍋飯，臨時借宿寺廟的大廳，有時情勢緊張，還要連夜躲空襲，一起窩在漆黑的防空洞裡過夜。

一路流亡時，則睡禮堂、宿操場，而一路上遇到清淨的大廟，馬上把握機會，當成是就地學習的最佳教室，孩子們趕緊抓著破舊的課本拚命學習。

每逢佳節倍思親，家鄉音訊杳然的孩子們在大年夜裡獨自吞忍著濃濃的鄉愁，大家只能齊聚在校堂裡相互取暖，全校師生一起包水餃，就是最豐盛、最溫暖、一輩子難忘的年夜飯！

讀到這些真實的情節，真讓我不勝噓唏！反過來看看孩子們，每天午餐有肉、有菜、有湯、有五穀飯，更有水果；有營養、有衛生；有遮風避雨的偌大教室，有自己平整的桌子與椅子；有可愛的同學一起陪著吃飯聊天，說說笑笑；有班長、菜長監督飯菜份量舀得夠不夠，有老師盯著吃飯規矩好不好。

這麼圓滿的用餐環境與條件，孩子們，還嫌什麼呢？

孩子們，「飯來張口，茶來伸手」的日子不會維持太久的，未來的人生，你們的每一餐可都要自己張羅！有多少本事吃多少飯，每一口飯可都要你們自己掙！

學校的餐點有多難吃呢？餓了，粗茶淡飯都變成了珍饈美食，白米醬油都會吃乾抹盡的！更重要的是，每天回到家，你們才會更加珍惜媽媽我平凡手藝裡那永遠獨特的「媽媽的味道」啊！

「想要≠需要」，從小學習愛物惜福

我當然愛我的孩子，我也知道——愛孩子，就是給他們最好的！但絕對不是給他們最好的物質、最名貴的衣物、餐餐合他們脾胃的食物、時時順其意的決定，因為這個世界絕對不會永遠滿足孩子的所有需求與喜好。

而是，送給孩子看待萬物最好的態度——惜福、惜物、知足、感恩。

當孩子發出每一聲嫌棄、每一個抱怨時，如果確知孩子日常生活中的各項所需並不匱乏，我要告訴自己，必定要堅定「不多給、不亂給」的信念。

而在孩子每一次想要得更多之時，正是送給他們美好人生禮物的最佳時刻——堅定地牽引他們回過頭來，看看自己的擁有、仔細數算已受的恩典。

終於等到這一天！孩子會主動打招呼了

孩子會主動向人打招呼，是一件微不足道的小事，
但當我確知他們能做到時卻非常雀躍！
因為我深深體會到，即使是一件小事，我都要教上好幾年才得以奏效，
更何況是其他更艱難更重大的事情呢？

全家跟著一群朋友到小農場聚會遊憩，一下車，最大隻的翔翔就精神抖擻地大聲打招呼：「×叔叔好！」，因為看到大哥首先打了招呼，第二隻凱凱、小隻的鈞鈞也有樣學樣，跟著熱情有禮地叫叔叔好阿姨好。

眼前這一幕，真讓我欣慰至極！誰知道光是教會孩子主動打招呼，就要耗損一個媽媽多年的心血？

每一次，不論鄰居來訪，或是在路上巧遇親朋好友，我必定率先為孩子做示範，熱情地打招呼、問好，然後接著就好聲好氣地提醒孩子們要好好地跟長輩們打聲招呼。沒想到孩子只是怯生生地看著大人，吐不出半個字；有時候，孩子雖然開

了口，聲音卻堵在嘴巴裡，含混不清；多半時刻，都要媽媽我嚴聲喝令「快跟阿姨問聲好啊！」，孩子才心不甘情不願的開口，但是卻表情木訥、毫無熱度。

盡心盡力的提醒，卻換來孩子的漠然，讓我感到非常氣餒！有時候在現場實在按捺不住，馬上大聲數落孩子：「快點啊！看到人要做什麼呢？不會打聲招呼嗎？」

看到三個孩子頗為類似的成長軌跡，我才慢慢理解到年幼孩子多半都有恐懼陌生人的心理，這往往讓他們羞於開口，實在勉強不來，於是我也就不再勉強孩子非得當場大聲打招呼不可。

不過，我開始試著用「預先提醒」的方式。只要是外出作客或出遊，若是預期會遇到親朋好友，或是知道有朋友會來家裡作客，我便會事先提醒孩子，請記得看到長輩時要打聲招呼，請儘量做到有禮貌！

而每一次孩子要到同學家玩，我就把握機會提醒他們要做一名有禮貌受歡迎的客人：一進同學家門，就要記得向同學的爸爸媽媽、爺爺奶奶問好；吃完點心，要記得說謝謝，並且主動的收拾，要記得自己把餐具收到廚房；要尊重同學家的隱私，不要隨意進入別人家的臥室；行為舉止要端莊有禮貌，不隨便跳沙發、亂翻東西；離開時，要大聲的向大家道再見。

到底孩子有沒有把我的話聽進去，有沒有做到這些苦心的教導，我無從檢視，我只能告訴自己，把握住每一次機會把「禮貌」灌注到孩子的內心深處，是我必須善盡的責任。

有幾次我在路上巧遇孩子的老師以及同學的媽媽，聊天之餘，他們順帶提到了小子都會親切打招呼之事，這實在令我喜出望外，但卻覺得不可思議。

畢竟，我的腦海裡仍舊是過去那一幕幕孩子害羞的嘴臉、無所適從的表情。直到那天我自己親眼見到孩子帶著自然的笑容，親耳聽到他們大方熱情的問好聲，我才確信，孩子早已不可同日而語，他們早就知道「打招呼」的重要，也早在我一次次的機會教育中，將之內化成他們自己的社交習慣。

其實，孩子學會主動而有朝氣的打招呼，是一件微不足道的小事，但當我確知他們能做到時卻非常雀躍！因為我深深體會到，即使是一件小事，我都要教上好幾年才得以奏效，更何況是其他更艱難更重大的事情呢？

有時候，我們做父母的自認已經非常努力的教導孩子，但就是看不到孩子絲毫的變化，因此會非常灰心，覺得自己的孩子真是孺子不可教也，再也懶得用心耕耘。

但是一次又一次，我在在領悟到，父母所有的示範、提醒、教導都不會做白工。父母對孩子不間斷的示範與影響，就像是掃描機，一次又一次都在加深孩子行為的線條，讓好的行為模式逐漸具體成形，一點一滴的教導和要求都值回票價！我從小事情看到了更大的層面、更廣的教養課題，這讓我對孩子所有的教導都充滿信心、充滿盼望！

孩子不可不教，孩子天天都要教！

只要父母持之以恆的示範與教誨，必能持續地發揮影響力！我們的用心如滴水穿石，總有一天，水到渠成，孩子就會改頭換面，開花結果，變化出可親可愛的形象！

主動身教，代替冗長說教

一份「身教」勝過十份「言教」，而長時間的整體「境教」更勝過少數人的「身教」。要孩子怎麼做，就率先做給他看，而不是拚命「說」給他聽。

有位擔任六年級的老師，跟我分享她如何讓一個冷漠的孩子，變成天天向她熱情打招呼的故事。

在這位老師的班上有個女孩，每天都披著一頭散髮，緊低著頭，半張臉埋在過長的瀏海裡，對老師和同學也不屑一顧，一副目中無人的模樣。

老師看在眼裡非常氣餒，很想把她叫過來重重教訓一頓。不過，她靈機一動，心想，這孩子不跟我打招呼，那麼我來跟她打招呼好了！

於是，每天女孩一進門，老師就喊：「家珍，早！」

第一次，女孩很驚訝，抬頭看看老師，不知所措，遲疑了半天，才慢吞吞地想到跟老師回一聲早安。

第二次、第三次……連續一兩個星期，老師都先和她打招呼。兩個多星期後，家珍終於主動開口，自己先跟老師打招呼。

「我想，她是因為她看到我每天都主動跟她打招呼，有種很被老師重視的感覺吧，因此慢慢地跟我拉近距離。最後，就出於真心的、很自然的主動跟我打招呼了！這讓我深深的體會到，要孩子做什麼，真的就先做給他看比較有效！」

「這是我的暑假ㄟ！」對，但你還是得幫忙曬衣服

訓練孩子做家事，真的比自己挽起衣袖做家事還要辛苦，
不少父母乾脆自己做，但往往也就因此錯過訓練孩子做家事的黃金時期。
等孩子到了青春期，才發現叫不動、不願做、做不好，
一個個變成懶惰公子哥、生了嬌貴公主病。

我家的曬衣桿是固定靠在天花板上，每曬一件衣服，就要用曬衣棍撐到高處。鈞鈞二、三年級時，我念他個子小，使力吃重，每次輪到他曬衣服時，我都會先曬個三分之一到二分之一的份量，減少他這小不點望高興嘆的挫折。

這個暑假過去，鈞鈞就要升上五年級，個子早已抽高不少。於是，我跟他說，從今以後，可沒人再幫他多曬任何一件衣服。

「我相信你能靠自己的力量曬完全家人的衣服。」我給他信心喊話。

不過，小子看到全家五口的衣服褲子內衣襪子毛巾一滿大籃，立刻嘟起嘴，整個臉垮下來，大力反擊。

「馬麻，等我曬完，我的自由時間一分鐘都不剩了！」

「曬完你就會知道還有沒有自由時間！」

「可是現在是我的暑假，是放假ㄟ！」

「對，你好幸福喔，你都有暑假，馬麻都沒有喔！」

「可是我同學都不用曬衣服！」

「你哥哥和你一樣大時，也曬衣服喔！」……

就這樣，鈞鈞臭著一張臉，小嘴喃喃的抱怨沒有停止過；當然，我對他自己全程曬衣的堅定也沒動搖過，任憑他千方百計誇張他的處境堪憐，我都當成一陣風吹過去，灰飛煙滅。

於是，鈞鈞經手的曬衣棍與曬衣架好像在打架，在粗暴的怒氣中鏗鏗鏘鏘的折磨每一件衣服。

說真的，曬完我們一家五口的衣服需時不短，特別是曬每一件衣服都很費工，因為每一件衣服都要撐往高點才能架好，在在考驗小子的耐心。

我告訴自己，一定要掐住自己的喉嚨，勒住自己的手，否則憐愛之心一湧出，必定會沖毀我的理智。為了避免自己心軟而插手，我乾脆遠走他處，眼不見為淨，耳不聽為妙。

果然，小子像是孕婦生孩子似的，即便哀號痛罵一聲接著一聲沒停過，但衣服就這樣一件接著一件，不知不覺之間全曬好了！

當然，小子也猶如剛生完孩子的產婦，一身虛脫，癱在沙發上，一動也不動，除了只看到自己的疲憊之外，他什麼也看不見。

而我知道，這時候最重要的事情，不是去安慰他的疲累，而是引導他從負面的抱怨中走出來，看到自己的能耐如何成就了任務。

我給他大力的肯定：「我們家的鈞鈞很有耐心，也有毅力，不簡單喔！我相信，鈞鈞能耐煩的把衣服一件件曬好，將來長大做事情也一定能堅持到底，因此一定會很成功，也會很幸福！」鈞鈞聽罷，微露欣喜，悄然無聲的離開。

即使一開始他心不甘情不願地接下這個任務，但最後我從他的表情中清楚看到，他已對自己投下大大的讚許，而他對自己的信心更如同他曬的衣服數量，直上躍進！

這孩子的怒氣最終像一陣風，從我耳邊吹過去，無影無蹤，而且他也完全地證實，即使曬全家衣服佔據了他不少寶貴的時光，但確實他也還握有大把大把的自由時間，而且往後數算，更有著大把大把的快樂暑假等著他揮霍！

其實，訓練孩子做家事，真的比自己挽起衣袖做家事還要辛苦。首先，我們必須花費更多的時間，仔細為孩子分解動作、示範每一個步驟。再來，還要花費很長一段時間，陪伴與監督孩子，確定他們是否能上手。

直到孩子能獨立作業時，更要長時間忍耐孩子粗糙的做事品質，不時以討人厭的「品管員」嘴臉要求他們改進、重做、再練習，往往弄得雙方氣氛僵擰，但父母還必須以高超的智慧控制自己的脾氣，進一步去思考怎麼說、怎麼要求，孩子才聽得進去、而能欣然接受。

孩子接受之後，三不五時還是會偷個小懶、鑽個漏洞，父母必須維持長時間的叮嚀與監督，才可能確保孩子在長大成人之前，學會並做好每一件家事。

這一長串教導與要求的過程真的吃力不討好，勞力又勞心，不少父母乾脆投降，自己做，輕鬆省事還能確保品質。

但是，往往也就因此錯過孩子可以被訓練做事的黃金時期。而孩子到了青春期，才發現怎麼叫都叫不動，什麼也不願做，什麼都做不好，一個個懶惰公子哥、嬌貴公主病，往往是親子火爆衝突的主要導火線。

所以，訓練孩子做家事，只有一個原則——堅持，而且是永遠比愛耍賴的孩子更多一分的堅持。

堅持三年，才讓孩子學會主動倒垃圾

要孩子養成動手做事的習慣，真的沒有訣竅，就是比孩子更頑固、更堅持！沒有天生勤勞能幹的孩子，但他們的背後一定是堅定而理智的父母！因為，「紀律」不是孩子天生帶來的，只能透過經年累月的叮嚀與管理才能養成，孩子必然都須經由「他律」才來達到「自律」。

曾經，我堅持了三年，孩子才學會自動自發倒垃圾。而那一長串的過程，竟是我幾年不變的「堅持」才能換得。這中間，不知包含了多少次不假辭色的要求，多少次苦口婆心的教導，以及多少次孩子毫不留情的頂撞，多少次紛紛擾擾的爭執！

光給孩子愛是不夠的，如果不給他們責任、教他們做事的技巧、堅持著不可更改的規範，孩子絕不會真正長大！

凡事多想一步棋

「提前規劃」是人生中極為重要的能力，關乎一個人責任感的建立。
我從讓「孩子學會自己準備衣服」這件小事知道，
不論要花費多少時間，堅持訓練孩子提前預想，
絕對是讓他們生命能逐漸獨立壯大的重要步驟。

在美容院洗頭時，頻頻聽到隔壁座的媽媽手機響起，從她的回答我可以確定，應該是她的孩子打電話進來，因為這位媽媽不斷交代：「先寫評量，幫弟弟找資料，然後自己去玩！」

但是電話另一頭的孩子顯然還有很多不確定的事情，所以媽媽一直無法掛下電話，但是卻開始不耐煩起來，最後撂下一句：「好啦！好啦！你自己看看啦！你自己決定嘛！不然問你爸爸！」砰的一聲就掛掉電話。

不到五分鐘，電話又響起，那位媽媽顯得更不耐煩，有點急躁地重複了一次剛才說的話，就斷然掛下電話。我偷偷瞄過去，這位媽媽一臉倦容，大約出門前已經被孩子煩到直接逃到美容院來抓龍放鬆了！

照顧孩子之所以會疲累，正是因為年幼的孩子心思總是只侷限在眼前的事物，幾乎沒有「預想」的能力，無法提前規劃每一件事情，因此，生活上的吃喝拉撒以及學習上的各個細節，都要仰賴爸爸媽媽的預先規劃以及細心提醒。

比如，中低年級以下的孩子看到變天，可能不會想起來要自己帶把傘；看到起風，也不知道出門要多帶一件外套；出去打球，也想不到要為自己先灌滿一大壺水。關於學習，孩子回到家，大多不知道如何規劃每一天的課後生活，也不會自行計算做每一樣功課的時間，甚至搞不清楚自己喜歡的才藝要如何練習，以及該練習多久。

於是，爸媽的生命，同時乘載了好幾個生命的繁重任務；爸媽的生活，得完美重疊好幾種分歧的行程安排，馬不停蹄，毫無喘息，這往往讓責任繁重的父母，難以真正去享受養兒育女的樂趣！

於是，我常常掛在嘴邊跟孩子們說的一句話就是：「凡事多想三步棋！」我跟孩子開玩笑，諸葛亮會預想四步棋，我們平凡人的境界想三步就好，不過，我往往會給小子們台階下：「你們還小，媽媽只期望你們能預想一步棋就好！」

因為認定「提前規劃」是人生中極為重要的能力，關乎一個人責任感的建立、能讓人有效行事，以及大大降低失誤的可能。於是，只要時間允許，我都堅持孩子必須練習在做每一件事情前，務必得先想一想，該怎麼進行？什麼時候進行？要準備什麼物品？必須跟誰聯絡？……

每次季節交替之際，忽冷又忽熱，冬季衣服才收起來，天公馬上變臉，冷風又呼呼吹來；夏季衣服才拿出來，又被打入冷宮！此時，東北季風與西南季風僵持不下，就形成了停滯的鋒面，不僅梅雨滴滴答答地沒完沒了，兩個季風輪流佔上風時，就形成了天氣多變的春天後母面！

有好幾年的時間，我都默默按著天氣的變化幫小子們細心準備衣服，在這季節交替之際，光是忙三小子的衣物，就可以讓我手忙腳亂。於是，我堅持讓孩子試著準備自己的衣物，自己斟酌該穿長袖或是短袖、厚衣或薄衫，這樣不僅可以減少我的負擔，也可以讓孩子早一點學會自己照顧好身體。

沒想到，我一字一句的叮嚀，慢慢地都在小子們心裡生根。曾何幾時，小子們每日洗澡前都會自動跑來問我：「馬麻，明天天氣如何？」

原來，小子們已經開始學著自己去思考，該如何根據氣象的變化來準備適合的衣物，這讓我眼睛一亮，忍不住清楚點明孩子的進步。

「不錯喔！以前你們都要馬麻我一一叮嚀，甚至親手為你們準備衣服，現在，你們已經學會自己先去預想，為自己的身體健康負責，這是一種很棒的能力喔！代表你們知道事情都要『提前規劃』喔！」

緊接著，我有了更新的計畫，也就是引導孩子自己去查詢天氣預報。於是，當孩子開口問我天氣時，我堅持不再直接回答，而是提醒他們，不要忘記自己絕對有能力掌握天氣狀況。

果然，經過一次次的提醒與引導，不多久，孩子提前準備適當衣物的能力，就發展成「全套」！每當要洗澡前，小子就會上網查天氣預報，然後自己去準備衣服。這細瑣的小任務終於從我繁忙的行程表中刪除，刻在孩子自己的行程表中！

從「孩子學會自己準備衣服」這件小事讓我知道，不論要花費多少時間，堅持訓練孩子提前預想，絕對是讓他們生命能逐漸獨立壯大的重要步驟！

教導孩子預想＋計畫，父母放手又放心

孩子本來就是獨立的個體，而我們對孩子所做的一切，就是為了將來有一天，「能放心的讓孩子從我們身邊離去！」

孩子的生命本來就不會和我們重疊，把生命的主權交還給孩子，不是一朝一夕造就而成，而是利用每一個機會、每一件小事，引導孩子為自己「預想」，逐漸養成「規劃與部署」的能力！

讓孩子親近大自然，是我不變的堅持

大自然的薰陶力量是如此珍貴而豐厚，
絕對要讓它在孩子的生命中持續發揮影響力。
因此我和孩子的爸達成共識，絕對要排除萬難，
在每個季節，都持續帶三小子爬山、健行、擁抱大自然。

每家父母說到孩子上了高年級、中學之後，都長吁短嘆，大家不約而同的發現，過去的「小跟班」已消失無蹤，一個個都有自己的主見，不再以父母的意見為依歸，也不再以跟隨父母的腳步為樂。

相反的，只要出於父母的建議，不論是好是壞，幾乎都退避三舍；只要是父母帶頭外出，必定興趣缺缺。特別是3C產品當道，青春期孩子的心神魂魄都被虛擬世界帶走，多數孩子都開始走「宅」路線。

咱家小子上了國中之後，也不例外，慢慢有了「新小孩」的自我主張，猛往自己的內心裡鑽，只看得見自己，只喜歡感受自己；寧願在網路臉書上和同學們快樂哈拉，但一見到父母就是話不投機半句多。

我知道，孩子這樣的轉變是自然之律，是人生必經的轉捩點，就如同蝴蝶羽化、秋蟬脫殼，在此過度時期，生物體必定會把自我緊緊封閉，以等待全然的成熟轉變，所以看到孩子不再亦步亦趨，我絲毫不以為怪！

然而，在此轉變的過程中，我並不認為孩子的每一個意見都值得尊重，每一個決定都可以妥協。關於孩子在網路時代的「宅」行徑，漸漸與真實世界遠離，我和孩子的爸絕不苟同。

曾經，每到家庭日，全家就會歡天喜地地投入大自然，在青山綠水間攻頂、健行、涉水、弄溪；那曾經在一草一木間不斷發出驚嘆的天真孩子，如今面對好山好水，卻不再以為有趣；看日月之風情，也不覺可歌可泣；重複來又重複去的大山大樹，似乎早已了無新趣。

於是，每當我們盛情邀約青春小子爬山時，總收到連珠炮似的強力反彈：「能不能選擇不跟？」、「可不可以改天再爬？」、「能不能爬簡單一點的山？」、「能不能爬半天就可以來回的山？」

但我們深知，在人生的每一個階段，特別是在心靈浮動的少年時光，在在需要大自然的薰陶與洗滌心靈的力量！於是，我和孩子的爸達成共識，一定要無視「民意」之反彈、無畏孩子日漸沉重的課業壓力，絕對要排除萬難，在每個季節，持續地帶三小子爬山、健行、擁抱大自然！

大自然的薰陶力量如此珍貴而豐厚，絕對要讓它在孩子的生命中持續發揮影響力，絕不能消失無蹤！

於是，我們乾脆把「爬山」這件事硬性規定為家庭的例行事項。在每一次爬山的前一週，我就會預先和孩子訂好時間，讓他們心裡有所準備，以便把其他事情排開。

然後到了當天，我就一聲令下：「小子們，今天是家庭日，我們已經約定好今天全家一起去爬山喔！」

可想而知，即使早和孩子們約定，但處在叛逆時期的宅孩子們還是一片譁然！我無視於怨聲載道，絕對繼續果斷地發出嚴正的通知：「大家聽好，請在十五分鐘之內把自己的隨行物品、水壺、輕便雨衣、帽子、外套、背包都準備好！十五分鐘後立即出門！」

然後就堅定的按下計時器！我絕對不回應一張張苦瓜臉、絕不聽聞一聲聲的「唉喲！」、「很煩ㄟ」、「沒時間哪！」。

計時器一響，鐵面無私的我，立刻下令大家快快踏出家門，絕不腳軟。

我就是要堅持，無論如何，一定要定期帶孩子去爬山，一定要不時把孩子丟進大自然的懷抱裡，在芳草連天裡，讓泥土草根的氣味灌滿孩子的身心靈。

我和孩子的爸要做的，就是在清朗空明的季節裡，堅持、堅持、堅持，堅持帶著不斷長大的孩子繼續爬山、親山，在他們心裡持續儲存大山的氣息，灌注父母的愛。

把美好的事物、美好的價值、美好的思想、美好的習慣恆常注入於孩子的生命之中，永遠值得父母堅持下去！

讓孩子的童年，充滿山的記憶和草的香氣

我深信，常常上山，孩子始能神骨俱清！永遠不脫離大自然，一定能在紛亂複雜的世界裡保持淳善敦厚的心，陶冶出寬厚壯大的格局。

因此，我一定要始終如一地貫徹全家上山的傳統；堅定心意，永遠要讓孩子與大自然保持連結。

總有一天，當孩子們成熟到足以感念父母之恩時，我想，他們記憶中的自然氣味就會甦醒，或許就能再度感受到山的寬厚、草的芬芳！

【父母怎麼辦】

不做家事的孩子，長大也難找到工作

Q 每次要孩子做家事，如洗碗、擦桌子，這麼簡單的事情，孩子總是說功課很多沒有時間，而他真的老是寫功課寫得很晚，似乎沒有時間做家事，這樣還要勉強嗎？

A 如果不是從三四歲開始就訓練孩子習慣動手做家事，一般來說，孩子到了小學，一定會認定做家事是件苦差事，多半能逃則逃，能避則避。

● 中低年級小朋友：循序漸進，給予適當工具

其實中低年級的課業並不繁重，拿出「功課很多」來擋掉做家事，很快就能被識破。

當然，如果孩子的動作真的很慢，那麼首先要做的，當然就不是逼他做家事，而是一定要徹底檢視孩子每天的作息，輔導他訂定固定的生活流程表、按表操課，

並利用計時器來幫助孩子更有效率地控管時間。

對於動作慢的孩子，儘可能每天在生活作息表中排定至少五到十分鐘練習做家事，日積月累，也能達到一定的訓練效果。

若是在學齡前錯過了訓練孩子做家事，一定要好好掌握「中低年級」這段最佳的彌補期，因為此時期，孩子的性格柔軟，願意聽從父母的教導，父母只要運用一點巧思，就很容易訓練孩子：

一、訂定獎勵制度，用集點換禮物的方式來鼓勵孩子：中低年級喜歡用累積點數的方式來獲得成就感，父母可以訂定需要完成的「家事表」，並訂定「獎勵規則」，以及一個「集點小表格」，比如孩子能主動做好份內的工作，而且做得很好，如碗洗得很乾淨，就可以集多少點數，而每蓋滿五十格就可以換取多少價值的禮物；若是叫不動、又做得不夠仔細，也一定要明訂會被扣掉多少點數，一切白紙黑字寫清楚。

二、切勿以金錢作為報償：要常常灌輸孩子一個正確的觀念：「家事」是全家人之事，身為家裡的一份子，不論大人或是小孩，都該為自己的家庭付出。如果讓孩子覺得做家事是為了賺錢，就等同於告訴他們，家事根本是在本分之外多出來的負擔，他們可以自由選擇做或不做，那麼親子之間將會為了做家事，紛爭不斷。

三、從簡單的家事開始訓練：比如讓孩子先練習清洗一兩個不油膩的杯子，再逐漸增加數量或是難度。

中低年的孩子可以勝任的家事很多：澆花、收拾玩具、整理鞋櫃、垃圾分類、倒垃圾、清洗不太油膩的碗盤、清洗自己的便當盒與餐具、摺疊衣襪、擦拭桌子、擦拭面積較小的地板等。

四、耐心分解步驟示範，不斷監督與鼓勵，直到孩子上手：有些中低年級的孩子不是不願意做家事，而是不知道該如何下手，掌握不到正確的方法。

比如說，有一次我要當時一年級的老三鈞鈞去倒垃圾，沒想到他竟然站著不動，原來，他根本不知道該如何把滿滿的垃圾袋從垃圾桶裡面拿出來，也不知道如何綁垃圾袋。於是，我教他先踩住垃圾桶，用兩隻手把垃圾袋提起，然後把垃圾袋上突出的小耳朵綁好，再把兩個提袋部分綁好。

分解步驟，一面示範，一面解釋，讓孩子聽清楚、看清楚，然後請孩子照著做，每一次都監督孩子是否聽懂、是否做好，直到孩子上手。

中低年級的孩子其實不如我們想像的成熟，父母要用他們聽得懂的話語一一說明，讓孩子掌握到做每件家事的要領。而孩子若是有所進步，不妨立即給予鼓勵，讓孩子在做家事上獲得成就感並建立信心，這是讓孩子親近家事的前提。

五、提供適當好用的工具：要孩子樂於做家事，必須減少他們的挫折感，增加他們的成就感，因此提供適當的工具非常重要。太大的抹布，此時期的孩子根本使不上力，所以就會隨便扭一下，做不到位。如果給他們較小的抹布，孩子就可以自己清洗、扭淨，自然會有較高的意願使用抹布、從事擦拭的工作。

選擇適當的工作，提供適當的工具，讓孩子勝任愉快，使之從做家事中感受到自己的能力，得到成就感，是給予實質獎勵之外，更重要的一股肯定力量。

●高年級以上的孩子：務必要抽空做做小勞動

高年級開始，功課開始加深加重，若是孩子還額外補習或是有需要大量練習的才藝課，生活確實非常繁忙，但是，「訓練孩子做家事」仍舊是教養課題中相當重要的一環，也是讓孩子勤奮能幹的必要磨練。

根據研究，從小「做家事」的孩子，將來的工作機會，是「不做家事」孩子的四倍；「不做家事」孩子的失業率，是從小「做家事」孩子的十五倍。這是因為做家事能訓練孩子耐操、耐煩，讓孩子手眼協調、靈活、能幹，願意吃苦，所以進入社會之後，能耐著性子學習，挫折忍受度也較高。

因此對於繁忙的高年級以上孩子，絕不可完全姑息。

一、每天抽出五到十分鐘做簡單的家事：如孩子因課業繁重而抽不出時間做家事，那麼，至少每天可以讓孩子抽出五到十分鐘，把自己份內的事情做好，比如清洗便當盒與餐具，擦拭餐桌、倒垃圾等。一定要把短短的「五到十分鐘家事時間」置入每日的生活行程之中，讓孩子每天都有小勞動，至少不會手懶。

二、善於利用週末做固定的家事：若是週間太忙，就把「做家事」排入至孩子週末的行程表之中，讓孩子空出半小時好好做家事，而且每隔一段時間，可以考慮教導孩子處理不同的家事，並讓他們長時期練習，使之熟能生巧，如此，孩子必定會愈來愈勤奮，愈來愈能幹。

三、利用寒暑假教導孩子做大項的家事：寒暑假，是親子共同做家事的大好時光，平常接觸不到、或非常耗時的家事，如刷洗浴廁、清理油膩的廚房、清洗汙穢的垃圾桶、浴缸等，都可以於此時有計畫的教導孩子。

特別是廚事，父母可以排定一系列的親子學習項目，從洗米、煮水餃、煮麵條、切菜、削皮、煎蛋、炒簡單的青菜等等，一步一步讓孩子接觸，為他們將來能獨立生活做準備。

第三章

孩子信服「自己先做到」的父母

孩子讓我成為更好的大人

我們是孩子的第一個老師，
無時無刻都對孩子輸入各種言語、非言語、或有形或無形的訊息，
我們的所思所言所行，一點一滴地都參與了孩子的成長，
更主導了他們未來的發展方向。

某日一大清早，我就帶著孩子到南部參加一位親戚的婚禮，回程時，因老公還有要事就獨自留在南部，我則攜著三子乘坐火車北上。

抵達火車站時，天色已暗，一出站，馬上就感受到北部東北季風寒氣逼人，霪雨霏霏，又冷又濕，讓人不由得有個錯覺：唉呀！溫暖的家似乎還遠在天邊啊！

於是，在瑟縮間，孩子一個個慫恿我快招一部計程車飛奔回家！

「馬麻，很冷ㄟ，又下雨ㄟ，走起路來很不方便啊！」

「馬麻，坐公車很費時間せ！」

「馬麻，我們四個人坐公車都差不多是計程車的錢了啊！」

三小子如接力賽一般，一聲接一聲的抱怨。

我看得到天色真的暗了，也感覺得到外頭真的很冷，而一大清早出門直到傍晚，我看得到每個人的疲憊。誰不想大手一揮，就讓計程車溫馨接送情？

但我始終不動如山。孩子一聲聲抱怨，我便一聲聲回應：

「兒子們，我知道天氣真的很冷，但事實上，公車站沒有多遠，我們走著走著，活動活動手腳，一下子就不會冷了喔！」

「我們都有帶傘，絕不會淋到雨，而且傘骨都很輕巧，不會太費事的啦！」

「剛才坐火車時，大家都有座位，你們幾個鐘頭都在睡覺，精神早該養足了吧？！」

「只要走個三五分鐘就到騎樓了，再站個幾分鐘，遮風又避雨的巴士就會來了啊！」

於是，不顧三小子哀怨的臉、生氣的眼，我像鴨媽媽一般領在最前頭，直接走向公車站。

下車後，我問問小子們：「嘿嘿，猜猜看我們坐公車花了多少時間？總共，只花了二十三分鐘而已喔！所以，你們真的覺得很花時間嗎？」三小子面面相覷，默不作聲。

我接著說：「你們的車資都只要八元，連同我十五元，總共只要三十九元，比起計程車一百三十元，省的真不少啊！」三小子又一陣面面相覷，微微點頭。

事實上，在出火車站的時候，我也想大手一揮，乾脆攔個計程車，一路逍遙回去。我思忖著，假設只有我一個人，或許，我就真的這麼做了！

但為什麼，多了孩子，我反而躑躅不前，對坐公車或是坐計程車這麼一個小決定，都如此謹慎？

因為我知道，我總是站在孩子的前方，我的思想言語，我的價值信念，我的行為模式，我對每一分錢的看法與用法，我對環境的各種感受與反應，我所有的抉擇，不只影響我自己一個人的生命，在在都在形塑三個生命的樣貌。

不論我做什麼，我的後頭總有那三雙懵懂的眼睛不停地觀察，不假思索的拷貝，不曾懷疑的跟進，我怎能不留意自己的各種身影、思想與姿態呢？

天氣冷，我在孩子面前挺住，孩子就不會繼續瑟縮。

下著雨，我在孩子面前拿穩傘，孩子就不會怨天尤人。

枯站著等公車，我在孩子面前神色自若，孩子就不會毛躁性急。

打開錢包付費前，我在孩子面前仔細盤算，孩子也才懂得精打細算，樽節開支。

孩子深愛著我們，所以凡事總是相信著我們，學習著我們；而我們更深深愛著孩子，總期望孩子們能看到好的、學到對的、吸收到正確的、擷取到有益處的，所以怎能不留意我們每一個小決定、小舉動呢？怎能不細細地覺察自己對每一件小事的態度與反應呢？

記得老大小學快畢業時，寫了一篇作文「二十年後的我」，其中有一段敘述如下：「……如今，我有一個賢慧勤勞的妻子，有兩、三個孩子，我跟他們都很親密，我不會讓他們補太多的習，而讓他們都能發展自己的興趣。……二十年後的現在，我正帶著全家在一個美麗的地方旅行……」

我看了會心一笑，怎麼種種人事物如此熟悉？這根本就是我們現在的家庭生活寫照啊！

原來，孩子天天都在觀察、天天都在感受，天天都像「複寫紙」一般，把我們的一舉一動、生活模式都鑄印下來備檔啊！孩子未來的雛型從我們的身上就已生根萌芽。

孩子像鏡子，反映父母所展現的樣貌

想要教出合乎理想的孩子，首先，絕不是告訴孩子該做什麼、不該做什麼，而是先反躬自省，檢查自己，看看自己在孩子面前怎麼說、怎麼做，以及說了什麼、做了什麼。想要孩子變成什麼樣貌，那麼我們自己得先變成那個樣貌，在朝夕相處間，先讓孩子看到「範本」。

我們更要不斷灌溉「自己」這塊土地，盡力伸展生命的高度與格局，那麼如同海綿般無盡吸收的孩子，便會向著我們展現的「標竿」看齊，而能在我們身上汲取到豐厚的養分，為穩定、健康、正向的人生打好根基！

打包食物，讓孩子學會我的惜物之道

那天，我問兒子：「為什麼你拎回沒人要的葡萄？」

他稀鬆平常地回答我：「因為，媽媽喝完喜酒也打包啊！我這樣有什麼奇怪呢？」

原來，我平時不捨食物浪費而養成的打包習慣，已經在潛移默化中，養成孩子惜物的態度。

一天，大兒子從學校拎回來一大袋葡萄，一進門，一只豐滿的塑膠袋裡就透出特有的香甜氣息，連同著土氣與塵味，蓬勃的「生之氣息」瀰漫整個客廳。

然而在幾個小空隙之間，卻也不時竄出幾絲酸臭之味。原來，袋底壓著一些「脫隊」葡萄，黏稠的汁液令人不忍卒睹。很明顯的，這一大包葡萄過熟，得速速解決。

「誰送你這麼一大串葡萄？」我問。

「學校午餐的葡萄，沒人吃，我就整包帶回。」兒子說。

「為什麼沒有人要吃？」我再問。

「因為一大串，沒有洗，也沒人有時間洗，所以沒有人動。」

是了，午餐時間連同打飯、盛菜、喝湯不過半小時，匆匆忙忙侍候好五臟廟，再喝一口水、漱個口，鐘響便會宣告「全體乖乖趴下睡覺」！

誰還來分配這麼一大包葡萄？特別是這一顆顆可能殘留農藥、需要清洗再清洗的精緻水果？

「那以前你們怎麼處理？」

「沒吃完就退回給廠商啦！」

「大家都覺得OK嗎？」

「沒人會去想這個問題啦，拜託，馬麻！」

「那怎麼全部都你一個人帶回啊？」

「誰那麼麻煩想要拎這一大袋啊？」

「那你為什麼不覺得麻煩？你的書包袋子雨傘已經夠重了！」

「啊你不覺得很浪費嗎？這麼多葡萄都是新鮮的，沒有人吃，最後退回廠商都爛掉！我就帶回家當家裡的水果啊！」

事實上，這不是兒子第一次從學校帶回食物。

他曾帶回過一大串香蕉、幾大顆橘子，也曾一口氣扛回八、九罐鮮奶。

「反正我們人多，拿回家一定有人吃啊！」兒子答。

現在的孩子，特別是都會區的孩子，都在豐盛的物資環境下長大，我的兒子也不例外，絕不可能有餓著的一天；相反的，他們所擁有的，泰半多過於需要。

按照道理說，不曾缺乏過的孩子，極難體認惜物的重要；看到沒人要的水果，多半的反應是無動於衷。在我看來，沒吃過苦、沒匱乏過的咱家兒子也是如此。

兒子平常不特別勤奮、也不特別能吃苦，如今背了大書包、提了大袋子，竟然還主動拎回這一大袋水果，實在令我好奇背後的動力為何。

「只有你想要拎回這一大袋葡萄嗎？」

「對啊！」

「為什麼？」

「那你不是每次喝完喜酒，也會打包剩菜嗎？我這樣有什麼奇怪呢？」兒子稀鬆平常的說。

有其母必有其子？

舉凡喝喜酒、聚餐，只要看到沒吃完的好菜攤了一桌，我就打從心裡覺得相當可惜，我多半會請工作人員取來袋子，然後一袋袋打包好，當場分給親朋好友，或是自己帶回家。

然而，這幾年我發現，賓客鳥獸散時，一包包上好料理根本沒人青睞，因為大家都嫌帶回家很麻煩。

「都在外面吃啦，沒有自己煮！」

「啊你家有在煮，人又多，你帶回去就好了啊！」

於是，每次我只好自己拎回大包小包，往往還要兒子們幫忙才拎得完一堆沒人要的菜尾。沒想到孩子拎著拎著，也拎成了一種處理剩餘物資的習慣，拎出了讓我驚喜的惜物態度。

確實，一包包菜尾省卻我不少在廚房琢磨的寶貴時光！喝不完的大半鍋高湯，我回到家就變成一餐精緻美味的高湯麵；一枝枝豐盛的烤羊排，為全家貢獻出一道手續繁複的主菜；而只要嘴饞了，不勞我費力，那切得平平整整的水果，一倒出來便能立即享用！

而回到家享用酒席的菜餚，感受又所不同。酒席上一道比一道豐盛的食物輪番上桌，最後大家吃撐了，連鮑魚龍蝦都不覺珍稀；但是回到家一次專注享用一兩樣大菜，孩子就吃得津津有味，深深體會到打包菜尾絕對值得，也就更捨不得隨意丟棄珍貴的食物！

而他們也就因此能夠理解，吃剩的食物沒人理睬，就變成一堆堆無用的垃圾；但只要自己的雙手肯委屈一下，家裡便能繼續著酒席般豐盛的菜餚，何樂而不為呢？

在物資豐厚的時代，最難教的功課就是「惜物」。孩子不缺乏，何以懂得珍惜？

但我們實在無法刻意去塑造一個讓孩子時時感到匱乏的環境，那麼，就利用每一個自然的機緣，親身做給孩子看，該如何珍惜物資吧！

珍惜食物，是最基礎的生命教育

關於打包食物這件事，兒子是否真的是有樣學樣，不得而知，但是，我希望孩子不只看到「不浪費物資」此表層的意義，我更盼望他們能穿透一顆顆光亮卻沉默的小葡萄，領悟到它們是一個個曾歷盡風霜辛苦長成的生命結晶；當提著一整袋沉重的葡萄時，我希望孩子能感受到「成串的豐厚生命」為著他們的發育成長相伴而來。

當孩子能更深層的看到「活的生命」，而不是「死的物質」，不僅會更珍惜每一口飯、每一口菜、每一瓢湯，不忍物資白白地被糟蹋，才可能湧生更高貴的情操——對每一個為人類溫飽而降臨的生命湧生「感恩」之心。

珍惜食物，就是珍愛生命，也是最基礎的生命教育。

勇於嘗試，父母先做榜樣

我在舞台上從來都不是屬於隨機應變、談笑風生的渾然天成型，
但因為我深愛我的孩子們，
我希望能為他們做出「勇敢嘗試」、「勇敢改造自我」的示範，
所以，我顛覆了過往的自己，勇敢地去接受一個個挑戰。

我不是一個舞台型的人物，要我在台上隨機應變，談笑風生，對我來說，是一個遙不可及的夢。以往在學校，只要一想到上台，我就全身僵硬；一旦上了台，僵硬的身軀還會配上從頭到尾的可笑顫抖，連自己都覺得，多站一分鐘就多製造一分冷空氣，也就多展現了一分敗壞的形象，何苦苦了自己、更苦了聽眾？

自從家裡有三個上了台就生龍活虎的小子，關於「站上舞台」這件事，我曾是他們的鞭策者、鼓吹者，以及帶動者，但我從沒想過這等力道會反彈在自己身上。

「你家兒子的台風這麼好，媽媽一定很行！」志工媽媽們、老師們一致這麼認為。

老公和兒子們也一起鼓譟：「Why not？試試看吧！」

是啊！Why not？我曾經想過，這輩子一定要做幾件自認為絕對沒膽量做、沒能耐做、壓根兒鼓不起勇氣去做的事情！一種人生，多種滋味，這樣才不枉此生啊！

於是，孩子學校的音樂會主持棒、畢業家長代表致詞，以及不論是三人或是三百人的演講……每每一接到邀請，我首先都會深陷於遲疑徬徨之中，然後因著幾絲不明確的展望，就糊里糊塗的答應了。

於是，我站上台；於是，我面對了觀眾；於是我的身軀，從緊張得大抖、到小抖、到不抖；面容從僵硬、到終於擠出笑容、到終於懂得在言語留白間，與觀眾誠懇對視。

我自覺到自己真正的在進步啊！

人在中年，豁得出去的時候，也是成長的另一個契機啊！

但，我在舞台上還不是屬於隨機應變、談笑風生的渾然天成型。就是因為駑鈍，我知道我能做的，只有充分的準備，以及，更充分的準備而已！

音樂會圓滿閉幕，當志工媽媽們湊過來跟我說「妳太棒了！」之時，我真的不敢相信他們說的，是曾經非常退縮的自己。

但我最欣慰的不是自我的提升，而是，當孩子專注凝視著台上不一樣面貌的母親時，我清楚，他們相當以這個勇敢展現自己的母親為榮！

我因著孩子的鼓舞而壯大了自我，而我再用更好更壯大的自己強固住孩子的積極進取，親子之間凝聚出一股相互激勵、共同成長的強大感染力，正是因為我願意勇敢改變！

在為孩子展現「勇於嘗試」的示範之後，我突然間開竅：這世界上，實在有太多我可以嘗試的事情，在在等著我踏出步伐、貢獻自己、拓展自我、豐富生命！於是，我又主動成為學校的「交通導護志工」，站在孩子們上下學的路上，幫忙疏導車輛行人，維護孩子的安全。

學校老師總是說「交通導護」是最辛苦的工作，因為不論颳風下雨，他們永遠都得像一棵堅忍的大樹一樣，準時屹立在街頭。

而值勤完畢，鮮少孩子會記得跟你說謝謝，也沒有人會留意你何時默默地出現又默默地離開；在執勤過程中，不會出現有趣的人際互動。因此，學校這部分的志工永遠嚴重缺人！

然而，不知不覺之間，我竟已站了五年，站到咱家老大都已升上高中！

每當孩子經過我的身旁，特別是下著大雨、烈陽高照之時，我就想著，孩子看到愛心導護有沒有感覺呢？懂不懂得感恩於他人無怨無悔的付出呢？

特別是，站著揮汗如雨、或是褲管早已被溼透的執勤者可不是別人，正是他們的媽媽！他們看在眼裡，到底有沒有特別的感動呢？而除了感動，孩子還看到了什麼？

我希望我能把這等無私的愛、這等知易行難的服務熱忱，繼續以身教傳遞給我的孩子！

我要讓孩子看到我勇敢而鎮定地站在十字路口，大聲吹著口哨，有魄力的揮動警棒，仔細督促著他的同學們、學長學姊、學弟學妹們注意安全，一次又一次，一年又一年，讓孩子終能理解到「無私服務」的真諦。

我為服務人群而站，也為成為孩子的活榜樣而站！

因為愛孩子，讓我勇敢面對挑戰

我感謝「擁有孩子」這件事！因為他們始終是我願意改變、勇敢踏步、追求進步的最大動力！

因為我深愛他們，所以我希望我能為他們展現的，不是一個畏縮的身影，而是一個

「勇敢嘗試」、「勇敢站出來」、「勇敢改造自我」、「勇敢創造自我」的示範，所以，我顛覆了過往的自己，勇敢地去接受了一個個挑戰。

正因為這麼一個從「愛」出發的簡單原因，我也意外地得到了自我修練與提升。

當孩子問：「我們家有錢嗎？」

孩子，我們家不窮，但真的也算不上是有錢人。
然而，我要你們看到，家裡之所以擁有比「夠用」還稍多一些的小富足，
是因為爸爸很努力的工作，媽媽也盡全力為家庭付出，
全家才能過這樣美好舒適的生活。

隨著年紀漸長，大兒子對自家的財務狀況顯然很有興趣，常常向我打探家裡「有沒有錢？有多少財產？算是有錢人，還是過得有點辛苦的平凡人？」

這讓我想起自己小時候，也曾經對自家的財務狀況很好奇，不過，因為三天兩頭看著爸媽為了柴米油鹽、學費、生活費吵得天翻地覆，所以根本不用問，我們四個孩子都心知肚明「家裡不太好過」，不要說不敢輕易開口要父母買「奢侈品」，有時候連該花該買的，都覺得向父母伸手很罪惡。從小意識裡就被深深地烙印著「咱家很窮困」的自卑情結。

有很多父母認為，這樣很好啊，孩子才會知道要惜物、要節省、要感恩、要

自我努力、要奮鬥人生，才不會成為靠爸一族，將來必有出息！

是，這些都是因為心中存在著揮之不去的「匱乏感」而被激勵出來的正向影響力。

不待父母催促，我就深深明白，要解救家裡生計，要翻轉全家處境，唯有依照尊長老師不斷耳提面命的——一定要用功讀書，而且非常用功，才有出人頭地的一天！

因此，小時候，不待父母使喚，我們四姊妹看到佝僂又劬勞的父親背影，看到家裡客廳一半以上的空間都被母親化為「家庭即工廠」的代工場地，就會自動捲起衣袖，幫忙洗碗掃地晒衣摺衣，完全乖巧認命。

然而，及至成人，我才猛然醒悟，「家裡不太好過」此強烈的自覺，雖曾是一股持續策勵自我的力量，但同時，也減損了我正向健康的自我印象（self-image）。

很多卑微、退縮、否定自己的灰暗畫面，像是一層一層陰霾，在如今我已自覺光亮美好的生活片刻會自動跳出來。

我看到一個瘦弱的小女孩，明明已經盡了全力證明自己的強大、來推翻自己家庭的匱乏與灰暗，但還是永遠覺得自己努力得不夠、做得不好，永遠覺得矮人一截。

特別是在幼稚思考的錯誤引導下，若是面對出身權貴的同學朋友，便感覺渾身不自在，而直至出了社會，我都沒有覺察自己身上帶著這種無法改寫的「自判命運」。

事實上，當年的家，根本算不了一窮二白，天天有肉有菜有飯，客廳有彩色電視，讀書有書桌！重視教育的父親寧願拉下尊嚴、挨家挨戶地借錢，也要讓我們就讀他心目中優質的私立小學，這種狀況能說有多窮呢？

「自覺很窮、非常窮」的巨大力量讓我既要逼自己奮鬥，也永遠無止境的讓自己深陷於自卑自憐的情境之中。

因此，即使現在有不少過來人傳授我，絕對要在孩子面前「裝窮」，但我決定絕不這麼做！

我記得有一篇短文在討論「有錢美國爸爸」和「有錢中國爸爸」的不同，如下：

孩子問爸爸家裡有沒有錢？

中國爸爸回答：「我們家有很多錢，將來這些錢都是你的。」

美國爸爸這樣回答：「我有錢，但是你沒有。我的錢，是我自己努力奮鬥得來的，將來你也可以用你自己的勞動與努力獲得金錢。」

是的，孩子，我們家不窮，一點也不窮，但真的算不上是有錢人。

但是，孩子，我要你們看到，家裡之所以擁有比「夠用」還稍多一些的小富足，能讓你們天天吃飽、吃得營養，能偶爾上上館子、看個電影、學點才藝、出去旅行，是因為爸爸很努力的工作，媽媽也盡全力的為家庭付出，全家才能值得這樣美好舒適的生活。

孩子們，等你們慢慢長大，能用自己的眼睛觀察，能自己去實際地感受，家裡的生活品質如何，我唬不了你們！

我們努力工作讓你們安心「靠」，不只是因為要善盡照顧你們的責任，更是要讓你們看到，身為父母的我們率先做到：只要努力，就不會差人一等，就能追到幸福！

我當然不會讓你們吃定老爸老媽，成為「靠爸靠媽族」，但更不希望你們自覺矮人一等而老覺得抬不起頭，走起路來猥瑣退卻。

所以，我會這樣告訴你：「家裡雖沒有大錢，但能讓全家都過得很自在、很舒服，但為了不給你們的未來添麻煩，爸媽的錢是可是準備未來給自己養老的喔！不管家裡有沒有辦法一直維持這樣的生活，你們看到了我們為生活打拚，勤奮的工作，那也請繼續以這樣的努力，甚至更多的努力，來創造屬於自己的美好！」

從孩子問起父母薪水開始談家庭開支

當孩子問爸爸媽媽一個月到底賺多少錢時，該不該回答？

與其支吾其詞，不如先讓孩子清楚家裡一個月的開支狀況。

從一個月的伙食費、日常用品費、水電費、醫藥費、學費、補習費、服裝費、零用錢、油錢、交通費、房貸、保險費、大型器具汰換費、雜支、到奉養長輩的費用，讓孩子對每一筆細項都有清楚的數字概念，然後再一一加總起來，告訴孩子：「這些都是生活所需，是無法免除的花費，因此，爸爸媽媽會想辦法至少要賺到這些錢，我們才能安定的過日子；但是想要過得更好一點，比如偶爾能上上館子、寒暑假安排旅遊、為你們儲存教育基金、汰換大型電器用品等等，爸爸媽媽就得更努力、更辛苦一些，才能賺得比基本開支更多一些！」

孩子對家裡的開支有了量化的概念，就可以和孩子談「家庭預算」，也就是讓他們清楚，家裡每一項開支都必須壓在固定的範圍之內，否則很可能會入不敷出。

當孩子對家裡的開支狀況有清晰的概念後，才會去思考什麼是「必須」，什麼是多出來的「慾望」，有就是能進一步去思考「需要」和「想要」的不同，因此當看到誘人的商品時，就不會獅子大開口，因為他們會知道，如果多買了一個玩具或是多上了一次昂貴的餐館，很可能就沒辦法繳交安親班的費用，也很可能影響到平常三餐的伙食費，或者必須犧牲孝敬阿公阿嬤的費用。

隨著經濟大環境的困難，薪水普遍不漲，但是物價卻頻頻調漲，爸爸媽媽不應該讓孩子置身度外，比如說水電費、油價、學費調漲了多少，以及生活所需費用增加了多少，爸爸媽媽要主動找時間和孩子再一起算一算全家的開支變動狀況，順道引導孩子去思考「節約與惜物」的必要。

比如說：「哇！寶貝，你看，現在什麼都漲了，我們仔細算出來，全家一個月足足增加了一萬五千多元的消費，但是爸爸媽媽的薪水有沒有跟著變多呢？沒有！所以如果我們能少用一點冷氣、隨時關燈，用水量減少，電費減少，才可能讓花費在原來的預算之內，對不對？」

懂得「量入為出」是處理金錢的第一步，但唯有讓孩子對家庭收支有清楚的輪廓，孩子才會在每一次提出消費前，理性思考到底是「需要」還是「想要」。而孩子心裡有確實的數字概念，也才可能心甘情願的養成節約的好習慣！

父母的成績單

親職，是我們人生中最重要的工作之一，
既然我們在職場上都要面對考績，那麼親職工作呢？
每個月也讓孩子為我們的表現打一次分數吧！
反躬自省，隨時調整，才能朝向「稱職父母」的目標邁進！

我們常常對孩子有很多要求，例如：不要成天玩手機、不要說話沒禮貌、不要態度惡劣、不要亂花錢、不要不負責任、東西用完要物歸原處、不要熬夜、不要亂吃零食，不要亂喝罐裝飲料……如果孩子做不到，我們會因為愛孩子、要孩子更好而站出來一一管教；如果孩子做不到，我們則會責備處罰。

但是，我們反問自己，我們對孩子的諸多要求，是否自己也做到了呢？我問了許多父母，大家當場面面相覷，沉寂了好一會兒，多數父母們終於承認，有很多部分，真的連自己都做不好，甚至做不到，但卻天天要求孩子一定要做到。

主播李晶玉小姐曾經寫過一篇文章「父母的成績單」，文中敘述她和先生去德國旅遊，探望了在當地生活的表姐，發現表姊的孩子有一項特別的作業——父母的成績單。每個月，學校都會發一張評量表，要孩子回家後為父母表現打分數。

上面有十道題，孩子若認為父母做得好就打A+，做到合格則打A，不合格則為B。題目如下。

1. 父母彼此間和睦相處，互敬互愛，從不在我面前使用不文明語言或無休止地爭吵。
2. 父母能為我創造良好的學習環境，不以電視、電腦或大聲說話來影響我的學習。
3. 父母能積極學習，不斷進取，能做我的「智多星」，能提高對我的教育能力。
4. 父母能認真聽取我的學習情況彙報，為我推薦一些有益的學習資料和課外閱讀書刊。
5. 父母能經常與我溝通，耐心地傾聽我的訴說，從不態度惡劣地打斷我。
6. 父母能關心我的身心健康，膳食平衡，視力保護和生理健康，帶領我積極鍛鍊身體。
7. 父母每個月都給我零用錢，但會指導我合理使用，讓我學會勤儉節約。
8. 父母從不溺愛我，每天都耐心指導我做力所能及的家務，培養我的獨立能力。

9. 父母能正確對待我的不良生活習慣，不是強行制止，而是和我講道理，幫助我改正。

10. 父母能主動與老師保持聯繫，一起幫助我在成長的道路上越走越好。

這真是個極具創意的教養妙法！

我們父母的眼睛總是不停的盯著孩子，規範著孩子，但卻常常忘了回頭看看自己做不做得到。比如：

- 要孩子多方涉獵，但是我們自己是否樂於學習？
- 要孩子認真用功，但是我們自己是否積極努力？
- 要孩子不要成天上網滑手機，但是我們自己是否能做到自我控制？
- 要孩子吃苦耐勞，但是我們自己是否手腳勤快？
- 要孩子走出戶外、鍛鍊身體，但是我們自己是否也有良好的運動習慣？
- 要孩子準時上床睡覺，但是我們自己是否也注意生活作息？
- 要孩子破除生活惡習，但是我們自己有沒有認真改掉壞習慣？
- 要孩子注意自己的說話態度，但是我們自己是否也能和平理性？
- 要孩子不要亂發脾氣，但是我們自己能不能好好控管情緒？

我們來問問自己，有沒有勇氣讓孩子填寫這份「父母的成績單」？而孩子若真的打分數，我們會得如何的成績呢？

前面的篇章曾提到，沒有孩子不犯錯，每一次孩子犯錯都是幫助他們變得更好的契機。

其實大人也一樣，沒有父母不犯錯，而且往往也容易犯同一種錯。沒有十全十美的父母，所有父母在教養上都有盲點，但願意謙卑自己、反省自我，才有機會破除教養上的死角，帶領孩子走向更高的格局！

夫妻關係好，親子關係就會好

綜觀德國列出的父母考核表，第一條就是要求父母要和睦相處。因為孩子天天親眼觀察父母之間的互動模式，父母當然要不斷自我覺察，是否為孩子展現寬容體諒、理性溝通的榜樣。

而夫妻彼此恩愛敬重，才能帶給孩子最大的安全感，這是一個家庭溫暖安定最重要的基礎。

奧斯卡得獎電影「愛慕」有一段有趣的對話給我很大的省思。片中一個成年的女兒和日漸失智的老爸爸一起陷入陳年往事。

女兒說：「老爸，你知道嗎？以前放學時，我最喜歡不經意地聽到你和媽媽做愛的聲音！」

衰老的父親一臉茫然。那女兒接著說：「因為那讓我知道你們彼此之間非常相愛，而讓我感覺很有安全感。」

可見，每一個兒女，從來不會嫌父母太過恩愛，但只要父母有一丁點的爭執，都會在他們的心裡埋下陰影。

感恩教育，從體認父母的辛苦開始

我深深覺得，一定要讓孩子清楚理解父母為他們一路成長的付出與犧牲，
這樣孩子才會懂得感恩，
也才可能想到要用實質的行動來孝順父母，
甚至將來在社會上也會成為懂得回饋有恩於他的人。

坐計程車時，一位運匠跟我抱怨：「我的女兒三十好幾了，也工作了好幾年，還沒結婚，一直住在家裡、吃家裡、用家裡，但是不會主動給我們父母任何一毛錢！最生氣的是，現在夏天，一回到家就開冷氣開到早上，電費還要由我來支付哩！」

我聽了一臉錯愕，心想，那個孩子難道不會過意不去嗎？還是從來沒意識到自己已長大成人，該是回報父母的時候？

但令我更不解的是，難道眼前這麼生氣的父母，不能找機會跟孩子好好說一說做人的道理嗎？

沒想到，這位運匠卻回答：「我怕我一跟女兒說，她就搬出去了哩！」

「那就讓她試試看自己獨立生活啊，這樣她才會知道，什麼都要自己負責很辛苦；而妳女兒或許根本不知道電費非常昂貴吧？出去才會知道，要天天吹冷氣，可要有本事賺更多的錢哩！所以，你就讓她搬出去自己住住看嘛，她才會知道住在家裡是多麼地舒服又省錢，或許就懂得回報了！」

沒想到，運匠又說：「唉呀！我就是不敢讓她搬出去啊！你想想，一個女孩子自己住多危險啊！」

「那麼你不妨跟女兒把話攤開來說清楚，告訴她，水電費很貴，家裡處處都要花上錢，她身為家裡的一份子，又已經有收入，希望她盡一份心力啊！」

「我提過了啊，但孩子無動於衷，我沒辦法強制她啊！」

「你捨不得女兒搬出去，又找不到方法讓孩子懂道理，那麼結果就是，自己繼續難過受苦囉！」

聽完運匠女兒的例子，我立刻想到我自己的二姊，她們家就只靠姊夫一份一般公務員的薪水度日。當他們含辛茹苦把兩個女兒養大成人之後，二姊就直接把話挑明了講：「我們家家境非常普通，在大台北買房，實在不容易，你們在家裡住了二十多年，現在也還繼續住在這裡，那麼，剩下還沒付清的房貸，你們理所當然要幫一點忙；養育你們那麼多年，媽媽希望看到你們懂得感恩，所以請把薪水抽出十分之一，分擔一些家計！」

於是，二姊的兩個女兒打從工作開始，就幫忙支付家裡的房貸。一點一點的償還，幾年下來，幾乎就要付清。其實，二姊二姊夫默默地將女兒們按月給付的資金都一一存下，並不打算用在自己身上，而是為女兒們儲存成家購屋的基金。

從這兩個例子，我深深的領悟到一個道理：一定要讓孩子清楚理解父母為他們一路成長的付出與犧牲。

只有孩子理解與感受到父母的辛苦，孩子才會懂得感恩，才可能懂事，也才可能想到要用實質的行動來孝順父母。而這樣貼心的孩子，無論將來在社會裡哪個角落，也都會成為懂得感恩、回饋有恩於他的人。

我體會到的另一點是：當孩子還小、尚且談不到回饋父母之時，就應該讓他們有機會親眼看到、深切感受到父母為他們的付出與犧牲。有所感受的孩子，才可能進一步去思考父母的辛苦，也才可能「心疼」父母，因而能心甘情願地挽起衣袖，幫父母分擔辛勞。

而當孩子真心為家奉獻時，我們一定要適時的給予肯定，告訴他們，爸爸媽媽以他們的成熟懂事為榮；更要謝謝他們，爸爸媽媽因他們分擔家務而能得到充分休息，這個家因他們樂於幫忙而幸福美好！

當孩子感受到自己有能力對家付出時，會更能體認到自己是家庭的一份子，甚至可以成為家庭的支柱，這會讓家人自然而然的緊密團結。

因此，當我們捫心自問，對孩子已盡心盡力、對這個家問心無愧，那麼，就大膽的開口要求孩子，同樣的也要為這個家付出！因為，大家都是家庭的一份子，一家人為彼此付出是天經地義的！

耍點心機，能讓孩子更懂事

父母不需要老是粉飾太平，捨不得讓孩子看到自己的辛苦面。因為孩子若看不到父母的辛苦，自然不容易體會父母的養育之恩有多麼偉大，那麼要孩子感恩圖報，又談何容易？

而鮮少有機會去感受父母辛勞的孩子，不僅學不會感恩，反而往往一點點不順心，就會反過來責怪父母做得還不夠。

聰明的父母甚至偶爾要耍點心機，刻意讓孩子捕捉到自己辛苦做家務或是努力工作的畫面。因為孩子看到才會有感覺，有感覺才會去思考，才可能變得懂事而圓熟。

如果孩子還是遲鈍無所感，甚至可以在孩子面前示弱，動之以情，告訴他們，媽媽非常疲累，需要孩子們的幫忙。

有智慧的父母，絕不是為孩子做盡一切，犧牲一切，只為成全孩子們享福，反而要懂得運用策略，創造孩子為父母效勞、為家奉獻的機會。

【父母怎麼辦】

先生沉迷3C，教我如何管教孩子？

Q 要孩子不要整天上網，結果爸爸天天都在滑手機、看電視，每次跟先生溝通都吵起來。在我們家，實在很難做到身教，該怎麼辦？

A 大部份的男人都是在有了孩子之後才開始學做爸爸的。男人真的是需要被教育才可能轉變觀念，逐漸裝備照顧與教養孩子的能力。根據統計，七成的女性對自己的先生在親職的表現都不滿意；而半數以上的男性也不屑吸收關於兩性相處與親職的相關資訊，這些都讓夫妻雙方常常在親職與家務的分擔產生歧見與衝突。

以下是給予媽媽們的一些建議。

一、多給予讚美，讓先生開始對「爸爸」這個角色著迷。

啟動男性朝向「理想老公與父親」的角色邁進，第一步絕不是抱怨，而是「讚美」。雄性的本質都希望站在優勢，當英雄，因此如果在某個不擅長的領域依然能得到掌聲，就能激發他們繼續精進的動力；反之，不斷感受到另一半的嫌棄、責難，感受不到成就感的男性，對親職工作則會更加避而遠之。

有一個聰明的媽媽跟我分享她的經驗。從寶寶一出生，只要先生幫寶寶洗澡，她就會敲邊鼓說：「哇！寶寶好喜歡把拔幫她洗澎澎喔！」；先生陪寶寶睡覺，她也會說：「我家寶寶喜歡把拔的味道喔！」，就這樣不斷的讚美，強化「另一半是好爸爸，寶寶很喜歡把拔」的概念，直到寶寶進入幼稚園，讓把拔連親子共讀、一起玩遊戲的工作全都包攬下來。

而因為不斷從孩子身上得到珍貴的被需要感與深深的連結感，因此先生對於「爸爸」這個角色愈做愈起勁，不僅捨不得把陪伴孩子的工作交給別人，還因此燃起了對「教養知識」的追求熱情，比她更主動涉獵各種教養新知。因此，她始終覺得自己是世界上最輕鬆的幸福媽媽！

二、變成「好爸爸」之前，先得體驗「育兒之樂」。

因為不少男性不知道如何陪伴孩子，所以極難在陪伴的過程中體會到育兒的樂趣，也因此一想到要陪伴孩子，腦袋就一片空白，直覺就打開電視電玩；如果不是老婆交代，也根本不會想到要主動照顧陪伴孩子。

另一方面，許多媽媽也不放心把孩子交給先生照顧，只要先生有一點點做不對，就非常焦慮，立刻把孩子搶過來照顧，讓先生愈來愈無法累積照顧孩子的經驗，更別說把自己的十八般武藝用在陪伴孩子之上。

適度提醒先生不滑手機，然後就要大膽放手，對於先生陪伴與照顧孩子的品質，必須睜一隻眼閉一隻眼，因為任何人做任何事情，都需要透過一次次的練習才能累積經驗與技巧，先生學習照顧孩子亦是如此，他們先要被信任，才可能培養信心。

三、打開天窗說亮話，兩人冷靜達成共識。

如果自認已經做到讚美、維護先生的尊嚴，也放手讓先生試著用自己的方法來陪伴孩子，但是先生因為強烈沉癮於滑手機或是打電動之樂而無法自拔，那麼就要找一個大家心情都不錯的時間，好好地針對此問題做一番溝通，並訂下如下面所列舉的親子相處公約。

● 陪伴孩子的時間分配：把照顧的困難提出來，然後分配照顧工作，例如：誰負責陪伴老大，誰負責教導課業，誰負責照顧年齡較小的孩子。在媽媽或爸爸教導哥哥姊姊課業時，固定由另一人來陪伴照顧弟弟妹妹。當一人必須料理家務時，則由另一人幫忙餵奶換尿布等工作。

● 約定兩人在孩子入睡之後才可上網滑手機：除要求另一半外，自己當然也要以身作則。

四、為求溝通的過程中減少爭吵，建議用「I message」。

也就是以「我」作為談話的開始，把自己真實的問題與感受表達出來，讓對方能進入我們內心的苦衷。如果不斷用「你」做為開端，就一定會流於「不斷指責對方」的情境。

以下列舉的兩種溝通方式，都是要和老公表明「希望他能分擔陪伴孩子的責任，但不希望他陪孩子時一直玩手機」。

想想看，哪一種方式較能有效傳達你的苦衷，那一種又會讓對方先起防衛排斥之心呢？

A：每次陪孩子，「你」就一直滑手機，根本不跟孩子互動，難怪「你」的孩子跟「你」一點也不親，有事情也不會找「你」，沒事情更是想不到「你」，「你」這個爸爸也太沒價值了吧！這可都是「你」自己做來的！

B：「我」要花很多時間照顧大隻的孩子，又要幫小隻的餵奶、換尿布、洗澡，

「我」真的分身乏術，最近幾天，「我」真的快要吃不消了。能不能幫忙陪伴大隻的？「我」想他會想要你跟他一起玩積木，這對他的建構能力很有幫助。如果讓他玩手機，可能對眼睛不太好，「我」想你應該能幫忙。

向另一半發出「求救訊號」的效果絕對遠遠大於「指責對方」！男人多半喜歡英雄救美，感受到老婆那麼辛苦，又在在感受到自己存在的功能，男人才可能願意挺身而出！

第四章

孩子依戀「表達愛意、合情合理」的父母

一言為定的「事前管教法」

與其事後責罵，不如事前規範；
要避免事後生氣，一定要事前管教。
做好預先設想的工作，不僅省事，
更能讓孩子學習在每一種情境中做好自我管理。

在賣場或玩具店，我最常撞見一種畫面——有孩子呼天搶地、死纏爛打地吵著要買玩具，其父母鐵面無私、百口回絕，最後雙方僵持不下，當場失控互嗆，場面慘烈！

到朋友家親子聚餐必上演的熱門劇情一定會有——有孩子玩到忘我，在友人家爬上跳下、大吼大叫，玩具玩得一整地亂七八糟卻不知道要動手收拾，直到父母看不下去，終於顧不得孩子的面子而在眾人面前破口大罵。

總是有父母跟我訴苦，說他只要晚回家，或是有事外出，小孩便無所適從，既不知道要自己寫功課，更是把家裡搞得一團亂。每次一進門，一看到全家亂糟糟，就忍不住先開罵，然後又看到孩子的作業都沒完成，就整個的大失控，最後必上演潑婦罵街的劇碼。

當了十多年的全職媽媽，以上的每一種情境，我都經歷了無數次，對每一個情節會如何地發展，早已瞭若指掌。因為太過厭煩於每一次混亂讓我產生的憤怒與失控，我終於揣摩出一個道理：與其事後責罵，不如事前規範。要避免事後生氣，一定要事前管教！

孩子之所以為孩子，正是因為凡事依照當下自己的心情與興致，率性而為。也就是多數孩子在任何情境之下，若沒有接受到特別的規範與指示，其行事準則絕對是「好玩」——怎麼做比較好玩有趣，孩子一定就會選擇這麼做。

還未被是非善惡強烈規範，也還未完整發展出強固道德良知的孩子，多半難以自動自發的規範自己，也就是還沒辦法做到「自律」，而必須依賴別人的管理，也就是「他律」。

多數孩子並不難管教，而是在每一種「非例行性」的情境中，他們的腦袋裡缺乏一套大人期待又習以為常的「行事準則」，於是，毫不遲疑地就會以他們的第一標準「好玩」作為準則。

任何「非例行性」的情境，都不在平日的規範之內，孩子最無所適從，也就最容易製造混亂與麻煩。

以上所舉的狀況，都是典型的「非例行性」情境，我們大人的腦袋裡，理所當然地早有一套符合道德規範與人際期待的行事準則，那是因為我們經過無數次的社會化經驗所形成；但是，孩子並沒有經過這樣的歷程，面對每一個新的情境，該怎麼行事，該怎麼說話，腦袋是一片空白。

於是，父母在每一種非例行性的狀況發生之前，一定要有「預想」的能力，也就是針對每一種狀況，孩子可能產生的反應，做一番沙盤推演：

孩子可能會出現哪些不適當的行為？該如何防止？

孩子可能會說出什麼不禮貌的言詞？該如何提醒？

回到最前面的情境，要帶孩子逛賣場之前，父母必須先預想到，容易受到商品誘惑的孩子極有可能當場要求父母買玩具、買零食，如果不得逞，還會大吵大鬧。所以出門前，就要跟他說明，這次會帶多少錢出去，要去購買的物品是家裡的生活用品，不打算買玩具。

因為知道孩子看到喜歡的玩具卻沒辦法購買，一定很傷心或生氣，為了避免這樣狀況發生，甚至要在事前預先想到如何減除孩子的遺憾感，預先想到解決之道。

比如，跟孩子約定，如果在賣場有看到喜歡的玩具，孩子必須使用自己的零用錢購買；或是等到他有好的表現時，爸爸媽媽才會買來送他；或是累積點數之後，才可以跟爸爸媽媽換取。

而如果是到親友家作客，那麼更要從孩子進門、玩耍、使用主人家的空間或物品、用餐，到上廁所等，都仔細沙盤推演一番，儘可能把適當的「作客之道」在出門前提醒一番，並且約定好獎賞或處罰的方式。

我會提醒孩子，一進門，看到長輩要大聲喊「伯伯好、阿姨好！」

不可隨便進別人的臥室，要玩別人家的玩具前，要先徵求主人的同意；玩好之後，請收拾整齊、物歸原處。

吃飯時，要坐好，不要第一個搶菜來吃；吃完飯，要把菜渣收到碗裡，然後幫忙把碗盤餐具放到廚房水槽。

上廁所時，要記得沖水，不要弄汙馬桶，也不要弄濕浴室；不要大聲喧嘩吵鬧。

這些原則提醒完之後，最重要的是跟孩子約定當場的提醒方式以及事後的處罰方式。因為在外作客，為顧及孩子的顏面，爸爸媽媽不方便當場責罵，但如果孩子忘了約定，不守規矩，失控忘我，該如何當場提醒？

我會跟孩子約定，看我的眼神很嚴厲時，就要注意自己是否不守規矩；如果我走到身旁拍一下肩膀，就要注意，已經很過分；如果讓媽媽在手臂上輕捏一下，就是回家後會被處分。

而處分的方式我也會事先講明，被我輕捏手臂三下，回到家之後就會被剝奪一些該有的權益。

但如果表現良好，也會在事先跟他們言明，能得到什麼樣的獎勵，以激勵他們在當場做好自我管理。

事前預告、約定與管教，讓孩子能做充分預備，是避免現場產生混亂的最有效方法，也是最輕鬆的管教之道。特別是非例行性的情境，聰明的父母，一定要做好預先設想的工作，因為不僅省事，更能讓孩子學習在每一種情境中做好自我管理。

如何培養孩子自動自發的好習慣？

爸爸媽媽不在家，孩子當然很難自動自發。這時該怎麼做？

如果是孩子在中年級之前，我會幫助他列出要做的事項，然後約略估計，幾點到幾點要做什麼事，幾點到幾點要寫什麼功課，讓孩子有清楚的依循。

當孩子高年級之後，則請孩子自己列表給我看，有疏漏的，我則會提醒他補上去。

最重要的是，和孩子約定好「未完成任務的罰則」以及「依約定完成的獎勵」。孩子心裡有清楚的行事程序，又明白有處罰與獎勵等著他，必定會按部就班把事情做好。

最具時效性的「當下管教法」

最有時效性的管教就是抓緊當下，尤其愈小的孩子愈要立即管教。
但最具傷害性的管教，也是在當下卻急就章的處分錯誤。
如此，當下管教不僅收不到效果，
反而會讓孩子懷恨在心，撕裂了親子關係。

在演講中，父母常常會問一個問題，就是每當孩子犯錯時，疼愛孫子的公婆總是捨不得爸媽對孫子疾言厲色，往往都會挺身而出，充當孩子的擋箭牌，推說：「孩子還小，不需要那麼嚴格，長大之後，他們就會慢慢懂事！」

這些父母卻發現，孩子們都機伶得很，犯錯後都會找阿公阿嬤當靠山。等到把孩子帶回家想要跟孩子重述之前的錯誤時，孩子卻會狡辯說：「我哪有？」、「我不記得了！」、「沒像你說的那麼嚴重吧?!」、「阿嬤都說沒有關係，你為什麼還要管這麼多呢？」

跟公婆一起住的美華總是和我訴苦，她說為了教好孩子，實在很想搬出來自己住，但是，房價太貴，暫時買不起，公婆又把他們照顧得很好，所以也就一天過一天！

但每每看到孩子壞習慣一大堆，到現在連碗都不會洗，而犯錯時，阿嬤又不准她嚴格管教，實在非常焦慮。

我建議美華：「如果孩子犯錯，你還是要勇敢站出來，然後，立刻把孩子帶到一個單獨的房間，好好的管教，好好的說道理！」

「可是，公婆會出來阻擋！」

「你要堅持，然後堅定的告訴他們，請他們放心，你絕對不會隨便揍孩子，只是要跟他們講道理。然後沉下一張臉，迅速地把孩子帶到房間去管教！千萬不要等到孩子吃完飯，離開現場好一陣子之後，再來管教孩子！」

孩子的注意力有限，年幼的孩子只能注意到當下，只能思考他看得見的情景，因此，管教對孩子而言具有「時效性」。孩子犯錯，一定要立即的管教、在當下就管教，尤其對愈小的孩子，愈要如此做。

如果經過了一段時間再來矯正孩子的錯誤，孩子基本上已經忘得一乾二淨，或是忘記了很多細節，因此對事情的來龍去脈無法連貫，這時候就會覺得父母罵得莫名其妙，因此難以心服口服，如此不但收不到管教效果，還會引出孩子無限恨意。

而對大一點的孩子來說，如果父母當下沒有管教，事後即使他對自己的錯誤瞭若指掌，但也很可能藉機耍賴、矢口否認，而以此方式得逞之後，必定就會繼續使用下去，反正無從對質，那麼就打死不承認到底，這會造成孩子一而再、再而三的不斷犯錯，然後不斷否認；再犯錯、再否認，最終讓壞習慣根生蒂固而無從矯治起。

因此，孩子犯錯，最能收到效果的管教時機，就是當下。

不過，對於愈大的孩子，在當下管教時，還要注意到一個更重要的管教原則——顧及孩子的自尊心，否則，當下管教不僅收不到效果，反而會讓孩子懷恨在心，撕裂了親子關係。

有一個喜歡對別人動手動腳的小男生小凱，每次跟小朋友玩，都會因為喜歡推擠拍打別人而被告狀。小凱的媽媽很無奈，總是被人認為沒有好好地管教自己的孩子，有些家長甚至不太願意讓自己的孩子跟小凱玩。

小凱的媽媽很心急，常常在別人一告狀之後，就立刻把小凱抓過來，在大家面前痛打小凱，打得小凱哇哇大哭。小凱的媽媽意思很明白，就是要告訴大家：「你們看，我都有管教我的孩子，我沒有寵他，我很嚴格！」

小凱升上小學中年級後，每次有媽媽來告狀，小凱媽媽仍舊用同樣的方式來教訓孩子。終於有一天，小凱一被揍完，便用最快的速度立即逃跑，一溜煙地不知去向，媽媽焦急地找了很久才找到他。

「小凱為什麼要跑走？」我問。

「他說在別人面前一直被我揍，非常丟臉！」

「是啊，小凱長大了，自尊心已經出來了！」

這就是「當下管教」最難處理的部分：又要收到立即管教的效果，又要在眾人面前顧及到孩子的自尊，特別是孩子逐漸長大之後。

當孩子從五歲開始，便逐漸發展出自尊心，或許不少大人覺得孩子還小什麼都不懂，但此時孩子的自尊受到傷害，已經懂得暗暗的把情緒掩藏起來，但是堆積太多這樣委屈受傷的情緒，最終便會形成低落的自我感受，進而演變成低自尊、低自信的人格特質，同時，也在心底埋下恨意。

不顧週遭是否有旁人，就隨意痛罵孩子；不分青紅皂白，劈頭就亂罵孩子一通；一氣之下，拿到什麼工具就亂揮亂打，這些都是大錯特錯的「立即管教」之道，不僅收不到抓緊當下管教的效果，無法幫助孩子正視錯誤，反而讓孩子因失去自尊而喪失向上求好之本心，不可不慎！

小孩教不好，丟臉丟到家門外？！

在公眾場合或是親朋好友面前，進行立即管教時，請務必做到：

- 先使用表情或肢體動作取代「口頭責罵」來提醒孩子。例如：使眼色、拍肩膀、暗地裡捏一下手臂……
- 若無效，或是孩子的錯誤很嚴重，則迅速而堅定的把孩子帶到隔離的場所或是角落，進行立即的管教。
- 若是有長輩朋友執意干涉，即立即溫和而簡短地向對方保證：自己絕對不會隨意責打孩子，請他們放心，但為了幫助孩子，有需要立即管教孩子，然後迅速而堅定的把孩子帶到隔離的空間，以適當的方式立即處理孩子的錯誤。

孩子最無感的「飆狠話管教法」

面對孩子的錯誤，不論是故意或是有意，
第一步絕不是情緒化痛斥，
否則孩子會豎起防衛之心，以至於難以接收到任何有意義的教導訊息。
也會讓孩子注意的焦點從「自己的錯誤」轉到「父母的情緒失控」之上。

「你再大哭大鬧，我就叫警察把你抓走！」

「你再給我用打電動，我把你的手剁掉！」

「你再頂嘴，我把你趕出家門！」

以上這些管教的話，就像誇大不實的廣告，孩子聽多了，看多了，便完全痲木，因為他們心知肚明，這些全是假的。

孩子一定知道，你不可能叫警察來，更不可能拿菜刀剁掉他的手；至於把他們趕出家門，或許你會做做樣子，但是幾次經驗下來就會知道父母根本狠不下心！

所以不消三次，孩子對這些狠話便會無動於衷，完全清楚可怕無情的威脅不過是爸媽的氣話，根本不需認真以對。

而再多幾次，機伶的孩子更會明白，他們根本不需要做任何改變，因為爸媽除了像發瘋一樣的飆狠話之外，也拿不出真正有魄力的制裁方法，於是，孩子就此因循苟且，一犯再犯，因為最多被父母痛罵幾句，最後就會歸於平靜。

飆狠話，完全無法達到管教的功效，但是它卻有別的效果：

- 讓孩子看到父母面對問題時，失去理性、缺乏智慧。
- 孩子在耳濡目染之下，不知不覺拷貝了這套反應模式：發洩情緒，但不認真解決問題。

事實上，世上任何人都痛恨被隨意謾罵，不論有沒有犯錯，被人當面大聲喝斥時，必定立刻豎起防衛之心，緊接著就會關上耳朵，闔上心門，以至於難以接收到任何有意義的教導訊息。

再者，父母一動怒時只會飆狠話，孩子注意的焦點就會從「自己的錯誤」轉到「父母的情緒失控」之上，很可能會認為父母比自己更離譜，更需要反省，更需要自我調整，反而忽略了自己原本的錯誤。

面對孩子的錯誤，不論是故意或是有意，第一步絕不是情緒化地痛斥，對於自尊心強烈的孩子，只要做了這一步，接下去必定上演慘烈的親子互嗆與飆罵。

想要嚇阻孩子，或是處罰孩子，絕不是隨父母自己的心情隨便信口開河，而是不論何時何地何種狀況，只要犯了同樣的錯誤，都堅定立場，以不變的原則來處置，就像國家的法律，清楚合理，不可更改。

孩子犯錯，必定要依照雙方已經訂定的規則來提醒孩子。

比如說，玩線上遊戲的時間已到，孩子卻捨不得離開，爸媽要做的就是嚴正而堅定、不帶笑容、但更不帶情緒的提醒孩子：「時間已到，請關機！」

如果孩子仍舊無動於衷，則請繼續「更嚴正、更堅定、但仍不動怒」的「重複」這一句話，並提醒孩子再不關機就會依照家規處置：「時間已到，請關機！若不關機，則依照規定三天禁止玩電玩。」

如果孩子仍然無動於衷，則一定要拿出魄力直接上前關機，並切實執行處罰，三天不允許孩子玩電玩，並切記：絕對不要在事後因著孩子的死纏爛打，或是以將功贖罪的方式，又破例讓孩子玩起電玩。

這麼做絕對會破壞父母的威信。機伶的孩子必定會學到：只要他們用一點技巧，要賴耍到底，犯任何錯誤終歸都能找到退路，因次，下次必定會更有恃無恐地繼續犯規，父母的管教就更困難了！

理性、堅定又有威信的父母才能養出守分、有紀律的孩子，長此以往，絕對會發現一個現象：孩子愈大就愈乖、愈來愈不需要管！最後孩子終會靠自己的力量管好自己，不再需要父母與家規的緊迫盯人！

說到做到，是有效的懲罰之道

孩子在接受處罰的當下，必定會心生不滿，滿嘴怨言，但只要我們確立是依照雙方都非常清楚的家規來處置，就不要被孩子的抱怨所干擾，更無須心懷愧疚。

一定要讓孩子非常清楚他必須恪遵哪些規定，而違反了那些規定，就絕對要付出代價，接受懲罰，沒有例外。孩子在此養成過程中，就會確立一件事情：父母之令、家庭之規就是鐵律，爸媽絕不會隨便改變立場，也不會法外開恩，因此，他們就不敢輕易犯規。

另一方面，孩子始終看到父母不會隨當下的情緒亂飆狠話、亂處罰孩子，或者亂開支票，因此會打從心裡真正地尊敬父母，同時學習他們理性而堅定的處事風格。

犯錯時的「同理管教法」

在孩子錯誤被發現的當下，
父母要先用「同理」的方式解除孩子的羞愧感，卸下他的心房；
接下來，引導孩子思考他的做法會造成如何不好的後果；
最後在孩子清楚並願意承認錯誤時，再還原到事件源頭，思索正確的做法。

所有的孩子在被人揭發錯誤時，都會立即湧現「羞愧之感」，而這個羞愧感會引導出兩種反應。

第一種是孩子因害怕被責罰而立即升起「防衛心」，然後搬出各種理由來否認自己的錯誤，合理化自己的行為。

第二種反應是孩子知道自己犯錯，但是因為羞愧之感而想逃避與父母的相處與其督責，於是與爸媽漸行漸遠，愈來愈難坦誠以對，孩子因而變得捉摸不定。

這兩種結果，都不是父母所樂見，因為不是讓孩子變得愈來愈愛狡辯，就是讓孩子把自己隱藏起來。

所以在孩子錯誤被發現的當下，首先就要解除孩子的羞愧感，而要能達到這個目的，就一定要反向操作：絕對先不要直指孩子的錯誤，反而要先儘可能去同理孩子犯錯的原因。

試想，以下哪一句話可以讓孩子卸下心防，願意在犯錯時和父母進一步對話？

A：叫你不要對別人動手動腳，老是講不聽，人家以為媽媽我都沒有教，誰知道是你自己骨子裡就是這麼暴力，老是和別人打架，你真是丟我的臉！

B：媽媽知道你之所以會動手打人，一定有你的理由，如果你那時候知道會讓別人很不舒服，可能也不會動手打人。

很明顯的，答案A會讓孩子感到羞愧，也會覺得父母不再愛他，而是以他為恥，因此自然而然就會升起防衛之心，或者築起一道高牆，不再願意和父母進一步討論自己的過錯，更難討論改善錯誤之道。

而自認委屈或是被誤解的孩子還可能升起恨意，最後累積成叛逆的性格，屆時，父母對孩子將愈來愈感到束手無策。

如果能夠幫助孩子減除羞愧無助的感受，孩子才能夠勇敢面對自己的錯誤，也才可能藉著每一次的犯錯去思考改進之道，而讓自己更進步。

所以，父母要做的第一件事情是——同理孩子。

以下幾句話能讓孩子感覺父母和他站在同一國，因此能立即解除心防，敞開心門，打開耳朵，讓父母有機會與他進一步對話。

「我知道你之所以這樣做，有你的理由……」

「任何人都可能犯這樣的錯誤……」

「我看得出來，你因為（傷害了別人）自己已經很難過……」

「我相信你若是知道事情會變成這樣，你也不會這麼做……」

「我知道你……，換作是爸爸媽媽也很可能會這樣做……」

用同理的角度，先讓孩子解除畏懼與羞愧之心，孩子能感到在爸爸媽媽面前被理解，就不會逃避接下來的親子對話，反而從一開始就因為父母願意同理而主動把自己的問題攤開來說明。

當孩子覺得父母與他同一國之時，孩子才可能打開心門，和我們進一步對話，而只有孩子不排斥進一步對話，爸媽才可能掌握到「管教的機會」。

當孩子願意坐在我們身邊打開心門時，我們才能進入真正的主題：透過犯錯，要學到功課！

因此，第二步是去引導孩子思考他的做法會造成如何不好的後果，例如：別人不小心碰到你，你覺得不舒服，就立刻動手推人，會造成怎樣的後果呢？

藉由問題，引導孩子去思考他的肢體衝動行為可能對別人造成怎樣的傷害，如何影響自己的人緣，傷害和同學之間的友誼。

因為孩子在你的同理下，已經敞開心房，所以孩子才可能被你引導去思考自己的行為到底有那些地方不對，以及導致出怎樣的不良後果。

如果孩子一開始沒有獲致這樣的同理，而是被惡言惡語臭罵一頓，孩子的焦點就會被轉移到父母的無理與情緒化，而不會是理性思考自己的錯誤。

一個小小的同理動作，引導出的結果大大不同。

當孩子有機會冷靜地去思考自己的錯誤時，他的反省力才會提升，也才可能朝往正確的方向去改進自己。

在孩子清楚並願意承認自己的錯誤時，我們緊接著要做的，就是立即讓孩子還原到事件的一開始，去思考怎麼做才是對的。

緊接著，可以跟孩子說：所以，我們回到事情發生的當下，你覺得怎麼做比較好？

如果孩子想不出方法，可以提出一些建議方式，讓孩子來決定怎麼做比較好：

「當別人推你，讓你覺得不舒服時，是不是可以嚴正地跟他說，請不要這樣做，我覺得很痛？如果同學不聽，是不是可以告訴老師，由老師來處理？」

在你的引導下，孩子面對了自己的錯誤，緊接著，思考了正確的解決之道，他在下次面臨相同的問題時，才會有所依循，用理性而正確的方式處理問題，而不會重複犯錯。

三步驟，有效幫助孩子改過

同理↓引導孩子面對錯誤，充分理解自己錯誤所造成的不良後果↓回到事件原點，認真思考理性而正確的應對之道。

以上是孩子犯錯時，最簡單、最有效的管教原則，可以適用於任何情境、任何問題。不僅能有效協助孩子改進錯誤，同時，也能讓爸爸媽媽永遠擔任孩子最信任的生命舵手！

換一句話說，孩子的耳朵才會打開

如何改造孩子和父母的說話方式有很大的關聯，
父母怎麼說，就會造就什麼樣的孩子。
因此，管教孩子的言語術，最重要的元素就是「正向」：
用正面的言語來傳達訊息，從正面的角度來引導孩子。

阿帆是一個非常優秀的孩子，從小學開始，每天鬧鐘一響，便自動起床，回到家不用人提醒催促，便會自動自發做功課。他的字體工整，也守秩序、有禮貌、做事條理分明，不論就功課或是品格來看，都幾乎找不到缺點。

不過，阿帆雖然溫和善良，穩重可靠，卻是一個木訥安靜的孩子，為人非常低調，不喜歡上台，也不主動表現自我。若不是長時間相處，根本感受不到阿帆有何特殊之處，甚至很可能因為太過內向沉靜，而被認定是一個呆板無趣的孩子。

阿帆凡事按部就班、中規中矩，正是他最為老師讚賞的地方。不過，比起多才多藝、口才便給的孩子，他的爸媽總是嫌他太過乖巧，不夠靈活，缺乏創意，因此，常常在人前人後不經意的吐露心中的期望：「我家阿帆很乖，但是沒什麼特色，太呆板、太安靜了！他沒有什麼特殊的想法，也沒有特殊的才華，更不懂得表現自己，我家阿帆實在太平凡了！」

從小聽爸媽這樣評定自己的阿帆進入到高年級之後，開始對自我產生懷疑：

「我太乖巧了，那麼這算是我的缺點吧？」

「我不太會玩，那麼是不是要稍微皮一點比較好呢？」

「我都乖乖地寫功課，是不是讓人覺得我太聽話、太沒有個性了呢？」

阿帆一心想要扭轉他在爸媽心中的形象，於是，阿帆開始接近和他人格特質大異其趣的同學。

只要同學活潑會開玩笑，不論乖不乖巧，阿帆就會將對方解讀成「靈活有創意」的聰明人；只要有人善於引人注目，不論用什麼手段，只要是阿帆做不出來的，他都認為那些朋友比他更受歡迎。

於是，他開始被一些活潑搞笑、甚至頑皮搗蛋的同學吸引，希望藉著與他們相處來改變自己呆板無趣的形象。

直到進入中學，他一直錯誤解讀「靈活開朗有創意」的真義，因而接近了他認為能帶給他活力的頑劣朋友，甚至刻意模仿他們的行徑。

阿帆受到朋友的感染，不再如過去般用功讀書，因為在他的心裡有一個陰霾：若是天天埋頭用功讀書，就會變成爸媽不喜歡的「書呆子」類型！

從此，阿帆上國中之後，課業大幅退步，而因為國中課業很艱澀，他的成績一再滑落，因此很難再迎頭趕上！

事實上，**如何改造孩子和父母的說話方式有很大的關聯，父母怎麼說，就會造就什麼樣的孩子。**用負面的方式說，孩子就會收到負面的訊息，看到負面的自己，然後從負面的角度思考；用正面的方式引導孩子，孩子就會往前看到正向的目標，而努力向前追求。

回到阿帆最初被父母嫌棄的那一個點，我們發現，阿帆的父母確實是以負面的方式來批判阿帆，讓阿帆接收到「自己死氣沉沉、呆板沒創意」的自我認知，因而開始懷疑自己，甚至厭惡自己。

如果阿帆的父母換成以正面方式來引導阿帆呢？

「我家的阿帆很用功、很努力，肚子裡很有料，若是多多舉手發言，多多表現自己，同學才會知道原來阿帆很有自己的想法、很有觀點，很有創見！」

這樣的說法，會引導出怎樣的阿帆呢？

- 肯定自己原來的特質：乖巧、努力、用功。
- 知道自己要繼續努力才會保持內涵、擁有見識。

● 如果願意多多表現自己，就會讓人感受到自己的不平凡。

被激勵的孩子會有信心，會想要往前走；被挫擊的孩子會像漏了氣的皮球，原有的一股元氣也將洩盡，不知不覺就走進負面的言語詛咒之中。

換一句話來說吧！讓孩子清楚看到在前方的目標，聽到正面的字眼，自然而然能被鼓動出正面而有力的能量，發展出更好的自己！

想改變孩子，請先改變自己的說話口氣

往往我們希望孩子多努力一點，但是一開口卻是用嫌棄的方式說話：「為什麼你總是這麼不求上進呢？」

我們希望孩子細心一點，但是孩子老毛病一犯，我們便忍不住衝口而出：「你怎麼老是東漏西漏、粗心大意呢？」

我們希望孩子反應能快一點，但是反覆教導、孩子卻一臉茫然時，我們便氣極敗壞地罵他「笨」！所以，孩子就被我們愈講愈粗心、愈罵愈懶、愈教愈笨了。

以負面的角度來評斷孩子，孩子不僅心裡會感到不舒服，讓挫敗感上身，更會被負面的話語套住，彷彿受到詛咒般地向下沉淪。

如果，真心想要改造孩子，一定要換一句正面的話語來說說看：

「寶貝，再努力一點，你一定會進步的！」
「寶貝，再鎮定一點、細心一點，你就會看到自己多有天分！」
「寶貝，再想一想，你的頭腦就變得更靈光！」
「寶貝，你肚子裡很有料，很有見聞，多多和同學分享，能讓同學受益，同時更能讓別人看到你的才華喔！」

幫孩子成為時間達人

媽媽為孩子擬定生活計畫表的最大弊病是：只有媽媽心裡才有完整的流程，孩子只可能注意到被切割出來的「零碎任務」，不會去設想接下來還有多少任務，要花多少時間。因此，孩子永遠感受不到時間的壓力，做起事來也就沒有效率。

不少媽媽覺得孩子放學後最令她們厭煩的，就是孩子不會自動自發做功課，總是要賴先玩再寫功課，要不然就是一寫起功課拖拖拉拉，沒有效率；而要長時間練習的才藝，也要媽媽頻頻催促才會有所動作。

「我都幫他把時間安排好了，但是，阿德還是每一件事情都要我催促才會去做。每做完一個功課，就溜去玩耍，我要一直喊，一直催，他才會回來做第二件事情、第三件事情。稍一不留神，阿德就玩到忘我，現在演變成我若不去催促他，他就不知道要做什麼，天天如此。我覺得孩子實在太被動了，我也覺得自己好累！真不知道怎麼辦！」

「請問計畫表是你自己幫他訂的嗎？」

「對啊！阿德不可能會自己訂定，他根本搞不清楚狀況啊！」

「所以你幫他訂好『生活計劃表』，那他有搞清楚狀況嗎？」

「我看他一直是散散漫漫的，根本也沒有把我的『生活計劃表』放在心上，所以他每完成一件事情，我都得再叮嚀下一件事情，我比他還清楚他的生活該怎麼進行。」

「這樣看來，『生活計劃表』是存在你的腦袋裡，不是存在他的腦袋呢！所以他只知道要不斷聽你的命令，只要把『現在要做什麼』弄清楚就好，而永遠不會去思考接下去的步驟，還有哪些任務還沒完成？時間該如何切割？怎麼運用？他根本沒有任何概念，因為阿德的腦袋裡並沒有一整套完整的『生活計劃表』。」

的確，雖然阿凱每天都按照一份針對他所設計的「生活計劃表」來行事，但因為從頭到尾他都沒有親自參與安排，所以，這個「計劃表」基本上是屬於「媽媽的計畫表，而且可以說是「媽媽為了能充分掌控他」而安排的計劃表。

這就是「媽媽片面安排孩子『生活計畫表』」的最大弊病：因為只有媽媽的心裡才有完整的流程，所以自始至終，孩子只可能注意到被切割出來的「零碎任務」，不會去設想接下去還有多少任務，還要花費多少時間。因此，孩子永遠感受不到時間的壓力，當然做起事來就會拖拖拉拉，不求效率。

而孩子每天聽媽媽的口令，一個命令一個動作，在每天睡覺之前，都能完成所有的作業，該練習的才藝也都沒少練，從來就沒有閃失過，所以，孩子當然就維持現狀——永遠被動接受媽媽的命令就好，絕不會學習主動安排生活。

從這可以得出一個結論：**「生活計劃表」一定要讓孩子親子參與安排。**

「我建議你不妨和阿德一起坐下來，把一週的任務一一寫下來，然後讓他一個一個的去考慮要花費多少間。比如說，每天的國語作業要多少時間？數學作業要多少時間？每天要額外複習哪些科目？又要花費多少時間？什麼時候吃飯？什麼時候練習才藝？什麼時候閱讀？唯有讓孩子自己去通盤了解自己的生活，讓他自己的腦海裡建立起一整幅藍圖，孩子才可能理解有多少任務還在排隊等著他完成，也才可能對『時間』有警覺心！」

也就是說，幫孩子建立「生活計劃表」，不如和孩子一起建立「生活計劃表」！

在還未規劃之前，首先要讓孩子自己掌握寫各科作業的速度：讓孩子花個兩三天做自我觀察，應該就能掌握自己寫「國語生字詞」要多少時間？寫「數學習作」要多少時間？寫「小日記」要多少時間？複習功課要花多少時間？練習才藝要花費多少時間？

然後讓孩子自己試著把這些應盡的任務排定，孩子就會知道每天大概幾點就能把所有的任務完成，也會清楚自己可以掌握到的自由時間。為了能得到更多可以自由運用的時間，孩子會激勵自己更有效率的完成工作。

只有孩子親自排定自己的生活作息，孩子才可能給自己壓力，由自己來提醒自己，因為他清清楚楚知道接下來還有哪些事情必須完成，所以會啟動警戒之心；也唯有孩子自我督促，自我警戒，才可能養成自動自發的習慣。

而爸爸媽媽一定要把生活計劃表貼在顯著的地方，讓他有所依循。只要按表操課一段時間，孩子就會逐步養成習慣，步上軌道。這樣，孩子升上高年級、國中、高中，爸媽才有可能放心地放手。

親子共訂計畫表

除了生活計畫表外，對於約束孩子行為的規矩，最好也邀請孩子一起來訂定，讓他們思考：不遵守規定會造成那些不堪的後果？遵守規定又能如何幫助他們？而到底該訂定什麼樣的罰則，才能達到約束的作用，又能被他們接受？

唯有孩子親自討論、親自首肯，孩子才會認真去思考為什麼要遵守規範；而若是犯了錯，也才會心甘情願的按照規定，接受處罰。

如果可以，就一直抱到十八歲吧！

擁抱，可以柔軟孩子僵硬的肢體和冷漠的表情，溫暖孩子倔強的心，還可以化解親子之間的齟齬與尷尬。

天天被父母擁抱的孩子，能明確感受到「被愛」的力量。這樣的孩子也必定擁有柔軟的心，以及寬容的應對態度。

一位媽媽跟我說，他的兒子沉默寡言，是標準的「省話一哥」，不太會主動跟她聊天；常常問他話，都只得到簡短的回答：「是」、「不是」、「有」、「沒有」。

隨著孩子逐漸進入到中高年級，她覺得兒子好像跟她愈來愈疏遠，有問題孩子不會主動提出；有需要幫忙，也自己悶著頭想辦法。

「其實也沒有什麼大問題，只是覺得孩子跟我不太親近，我總覺得無法掌握到他的心，特別是我要上班，平常他都在安親班寫完功課才回家，回到家大家又馬不停蹄，在匆匆忙忙之間，愈來愈找不到充裕的時間可以和孩子互動。」

「每天找個五到十分鐘和他聊個小天呢？」

「我有啊！但是孩子實在不愛說話，半天吐不出幾個字啊！然後就去寫功課或是打電動了！」

「那麼有事沒事就摸摸他、抱抱他、親親他！每天都這麼做，絕對會發現孩子跟你愈來愈親！」

是的，愛孩子的第一步，就是去抱抱他！因為這是孩子最快能感受到「愛」的方式！

孩子可愛時，親親抱抱他，他會確定自己真的很可愛、很討人喜歡！

孩子沮喪時，親親抱抱他，他會知道世界永遠都有支撐他的力量！

孩子害怕時，親親抱抱他，他會馬上知道，爸媽永遠不離不棄的守候著他！

孩子得到榮耀時，親親抱抱他，他會知道，爸媽感同身受，深深以他為榮！

孩子失敗時，親親抱抱他，他會知道，即使失意落魄，父母永遠相信他有能力克服障礙，度過難關！

孩子犯錯被責罰後，更要親親抱抱他，這樣他才會知道，被處罰乃是因為他「做的事情」，並不是「他本身」，他能確定，無論如何，絕對不會失去父母的愛！

擁抱，可以柔軟孩子僵硬的肢體，調和孩子冷漠的表情，可以溫暖孩子倔強的心，可以化解親子之間的齟齬與尷尬。天天被父母擁抱的孩子，絕對能和父母保持親密的連結，對家庭有著強固的向心力，能極為自然地和父母敞開心房；也更容易打開話匣子，分享自己生活中的點點滴滴。

因為能明確感受到一股「被愛」的力量，孩子必定擁有柔軟的心、寬容的應對態度。

「但是，已經很少抱孩子了啊！突然抱他有點奇怪！」

「你是他媽媽啊！想想他更小的時候，嬰幼兒時期，不是時時刻刻、自然而然的就抱他親他嗎？」

「但是孩子十、十一歲了，現在做起來就是怪怪的！」

「那麼，就從睡覺前開始試試看吧！每天睡前是最自然的時機。看到孩子裹在被子裡，躺在軟綿綿的床鋪裡，又回到小 baby 的模樣，你會很容易就做到的！而且，不管多大的孩子，在睡前，真的都會渴望媽媽充滿愛意的親親與抱抱！若是真的覺得抱起來怪怪的，就摸摸他的頭、拍拍他的肩，只要能夠維繫彼此之間親密溫暖的肢體互動，都能讓孩子直接感受到父母獨一無二的愛意！」

我舉了咱家已經上國中的兒子的例子。

每次我去擁抱大兒子，他就全身僵硬，事實上我十分確定兒子喜歡我和他有溫暖的肢體互動，但畢竟已進入青春期，為了避免他產生尷尬的感覺，我就會改成拍拍他的肩、輕打他的背，有時候走過去瀟灑地拍一下小子的屁股！

這時，大男生馬上就會露出可愛的笑容，鬆懈僵硬的肢體！頓時之間，我覺得青春期的大孩子還是很可愛，而且感覺到跟孩子之間永遠有一種母子相連的獨特親密感！

而因著這股親密感，我知道孩子始終在乎我們父母的感受，也更容易對我們敞開心門，這種自然又親近的親子關係，讓孩子更容易打開「傾聽的耳朵」，能耐心聽進父母的教誨，當然就成為好教、受教的好孩子！

睡前，燈光熄滅的那一刻，走向孩子吧！給他們撓撓背，親親、擁抱，跟他們說「爸爸媽媽愛你」吧！

「那抱孩子要抱到幾歲？」

「如果可以，就抱到十八歲吧！如果孩子和我們一直很親密，那就繼續抱下去啊！」

拉近身體的距離，讓心更靠近

根據統計，受教的孩子，多半和父母擁有較為親密的關係，因為深深知道父母愛他，所以會在乎父母的感受，因此會督促自己，要聽父母的話，不要讓父母操煩！

而要孩子和父母親密，絕對不可少了「親親抱抱」的溫暖肢體互動。拉近身體的距離，是「讓心靈靠近」的最有效妙方！心靈靠近的親子，會彼此體諒，能彼此設想，父母就會自然流露出愛的管教之道，而孩子也更為聽話受教。

用親子情書傳達你的愛

大約從十歲開始，孩子的自我意識會不斷壯大，變得喜歡爭辯與頂嘴，這時「口語的管教」反而會適得其反。

父母若想要繼續發揮正向影響力的最好方式，就是定期給孩子寫寫信，既能表達愛意，也可以繼續左右孩子的思維與價值觀念。

小彩的媽常常跟我抱怨，說她家小彩從四年級開始就不再那麼好管教。有一本書叫做「小四意見多」，她覺得一點也沒錯，小彩從四年級開始，便不再百依百順，不論她說什麼、有沒有道理，小彩都要唱反調。

如果只是單純討論無關緊要的事情，小彩的媽還不會動怒；但若是討論小彩所犯的錯誤，小彩依舊大道理一堆，就讓她怒不可遏，最後，母女總是吵得不可開交！

有時候，小彩的媽覺得有些事情一定要跳出來好好的導正。比如說，小彩寫作業時，總是劈哩啪啦一下子就寫完，結果錯誤百出，甚至有時連數字都沒有抄對，每次她想要和小彩分析「細心」的重要，但每每才講到「細心」二字，小彩就一臉不耐煩，然後馬上嗆聲：「我要開始寫了啦！你一直講話，要我怎麼寫啊！」

小彩洗碗也常常漫不經心，洗好的飯碗常常被媽媽抓包，發現上面還黏著飯渣，把她叫過來重洗，她卻會頂嘴說媽媽老愛在雞蛋裡挑骨頭。

事實上，小彩媽媽所說的一切，我實在再熟悉不過，因為，我家三個小子都曾給我相同的挑戰。也就是孩子從十歲開始，會變得很多意見，很愛頂嘴，做錯事情時總是理由一大堆，而我也從這個時候開始覺得管教變得很棘手。

大約從十歲開始，孩子會開始意識到自己是一個獨立的個體，「自我意識」會不斷壯大，思辨能力也逐日增強，因此，對每一件事情都會發展出自己獨特的看法，而且亟欲表現出來以凸顯自我的價值，這是「青春期前期」一個很明顯的轉變，乃是為他們未來的獨立做準備。

因此，在此時，為了彰顯自我的存在、表達自己的獨特價值，孩子會喜歡爭辯、喜歡頂嘴，不論對或錯，孩子都會藉由「唱反調」來凸顯自己的獨立思維，常常會「為反對而反對」，使得原本和睦愉快的親子關係充滿火藥味。

「四年級就是意見很多！我家三小子都是從這個時候開始讓我覺得頭痛，發現之前的管教方法開始失效，親子之間的衝突變得很多，一不小心我就很容易失控，三天兩頭大吼小叫。」

當孩子的臉龐不再只有傻呼呼的純真，眼神裡多了很多慧黠與懷疑之時，親子之間的對話真的很容易就擦槍走火，於是，「口語的管教」有時變得很有挑戰性，甚至適得其反。

「我有時乾脆就用寫的！把我要傳達的價值觀，做事的態度，以及希望她改善的地方、為什麼要她改善，用溫和的語句寫下來！在最後，我一定會表達媽媽我對他的肯定與不變的愛，然後再畫上一張笑臉，作為善意與溫暖的ending。」

「有用嗎？」

「小子們多多少少會看一點！然後口頭上再稍微提點一下，孩子就能體會我要講的重點；最重要的是，因為沒有一來一往的唇槍舌戰，親子感情不會被無謂的爭吵給磨損掉！」

直到孩子進入真正的青春期，我發現「給孩子寫信」變得更為重要。因為此時期孩子的問題不是只有愛頂嘴，愛唱反調，而是根本不太想要搭理父母。

大部分的青少年一進家門，還沒講到三句話就已鑽到自己的空間裡，刻意保持與父母之間的距離，想要好好和少年少女聊聊天，都不得其門而入，更何況是有目的性又嚴肅地教訓他們？

但此時，孩子正在人生的轉變期，大腦控制衝動與判斷的機制尚未發育完畢，父母絕對需要站在不遠處繼續監督孩子的思想、行為，適時導正，以免孩子積習難返，最後鑄成偏差的行為模式。

特別是此時他們的價值體系尚未穩固，在誘惑無所不在的大環境中，若父母不刻意引導，一心求新求變的孩子很容易就判斷錯誤，走上偏差之途。

青少年不愛父母叨念，不耐長輩訓勉，而青少年的媒體經驗裡卻又缺乏足夠的良善純美元素。因此，當今的父母想要繼續發揮正向的影響力，最好的方式，就是定期給孩子寫寫信，如同寫情書一般文情並茂，既能表達我們不變的愛意，又能繼續左右孩子思維與價值觀念！

即使孩子不聽我們說，但總會好奇爸爸媽媽的情書——親情之書，到底寫了些什麼吧？讓我們也來做一張張小卡，偷偷塞進孩子的鉛筆盒吧！

無聲勝有聲，繼續用美好文字形塑孩子的正向思維。

因此，爸爸媽媽們，別怕孩子把耳朵摀住不聽我們說，也別只會嘮嘮叨叨的討人厭，就來給孩子寫寫書籤，把美好的價值與思維都用漂亮的字句寫下吧！

文字的無聲力量

某日，老公整理物品之際，翻出了他青少年時期一個有趣的蒐集品，也就是五年級生在青春年少的當年，最浪漫又最走紅的休閒活動——蒐集圖片唯美、上面印著立志小詩小文的書籤小卡。

一張張柔美如畫的風景，一個個斗大而充滿力量的標題——立志、友誼、有恆、付出、互助、樂觀、堅定、決心、付出……，讓我揣想起當年一個個心智懵然的少年或少女，在凝視、收納一張張小書籤的每個瞬間，如何被那一幅幅點化人性光明、標示生命真善美的圖文薰陶著、涵養著，各種良善的寓意如何不著痕跡地強固其心志與德行。

這是當年多少青澀少年打發時間的休閒方式，也為多少這一代的我們墊下了生命馨香的氣息、豐厚的力量！

而當今在五光十色的網路世界裡亂鑽亂闖的青少年，他們能得到什麼樣的餵養？什麼樣的薰陶？在殺敵致勝、追求積分的電玩遊戲中，孩子的價值觀念又是如何被塑造？我看著那一張張老公蒐集的書籤，那一句句無聲、但力量巨大的美好文字，確實是每一個時代青少年都不可少的養分。我想，無論是哪一個世代的少年少女，都不能沒有這樣的文字涵養力量！

【父母怎麼辦】

連我都覺得自己的孩子很壞，怎麼辦？

Q **我知道要常常讚美孩子，但是我的孩子是一個類過動兒的孩子，每天都在學校惹事生非，回到家不斷頂撞，也不會好好做功課，又會欺負弟弟，我真的找不到任何可以稱讚他的地方，真的覺得他就是一個惡魔，該怎麼辦？**

A 任何孩子都需要被肯定，也需要感受到被注目與被愛。孩子都很單純，只要能被爸媽肯定、被注目，感受到爸媽無條件的愛，沒有一個孩子不會用愛來回報父母，在自己能控制的範圍內討父母的歡喜。

首先，對於兩個孩子，我們要捫心自問：

是否做到公平？

是否比較容易注意、疼愛或是稱讚比較乖巧的孩子？

或是容易關注長相比較討喜的孩子？

是否過度關心照顧年紀較小的孩子？

在時間體力有限的狀況下，是否常常把哥哥放在一邊，忘了他的存在，忽略了他的需求？

孩子最講求的就是「公平」。孩子非常單純，當他看到爸媽花費比較多的時間照顧弟弟、餵弟弟吃飯、幫弟弟洗澡、維護弟弟的安全，並不會想到因為自己已經長大，擁有很多自我照顧的能力，所以不再需要父母花費同等的心力來照顧他。

大孩子只會想到，爸爸媽媽偏心，比較疼愛弟弟，才會花那麼多的時間照顧他、陪伴他，因而不斷產生委屈感，長久下來，心態就難以平衡。

為了要引起爸爸媽媽同等的關注，大孩子就會用各種方式來博得爸媽的注目，而只要能達到這個目的，不論好行為或是壞行為，大孩子都願意嘗試。而大孩子又會發現，好的行為所獲得的關注不如調皮搗蛋，所以就會不斷惹事生非，以引起父母的關注。

在另一方面，大孩子會覺得之所以被冷落，都是因為弟弟的出現，因此也會對弟弟產生敵意，只要找到機會，就會把忌妒之心發洩在弟弟身上，找機會欺負弟弟。

而過動兒在學校本來就比別人更難做到自我控制，若是班上同學又缺乏適當的引導來同理他的特殊狀況，往往就會因為他破壞團體紀律、製造騷動而遭到同學的排擠。

孩子在學校已經滿是挫折，回到家又得不到慰藉，更覺察不到父母的重視與疼愛，大孩子的行為就會愈來愈偏差，製造更多的問題，不斷發洩負向的情緒，以引人注意。

要改善孩子的問題，首先，一定要讓孩子感受到「被注目」、「自己有價值」。要達到此目標，必須做到：

● 撥出時間，單獨陪伴他，並且一定要給予「質好量足」的陪伴時光：例如，陪他做他喜歡的事情、擔任他的專屬玩伴、溫暖地依偎在一起親子共讀、一起單獨約會吃飯……

● 給予更多的擁抱、溫暖的肢體接觸：讓孩子感受愛的方法很簡單，多一點溫暖的肢體互動，孩子就很容易覺得自己是被疼愛的。

孩子出門、回到家、睡覺前，或是表現不錯的時候，都給他一個抱抱、一個親親，長久下來，孩子的心就會愈來愈柔軟，笑容也會更多。擁抱絕對會讓孩子變得可親又可愛！

● 即使很難找到孩子值得讚許的地方，也一定要想辦法找到，並「公開」稱讚：孩子一定有表現良好的地方，只是大部分的時間都被他的惡劣行徑所遮蓋，只要我們願意盡力去想，絕對能找到孩子一兩件值得稱讚的小事情。

比如說，杯子洗得很乾淨，願意安靜五分鐘等候，幫忙跑腿……請記得，儘量在別人面前公開讚許他，這會更有力的增強他的正向行為，讓他對自己產生良好的自覺與自信。

● **批評與讚美的一：七黃金比例：**對於過動兒，負面的行為表現一定多於正面，按照這類孩子的平日表現，他所獲得的批判必定多於讚美，但是因為長久被批評、處罰、排擠，孩子的內心深處已經產生了磨滅不去的自卑感，因此，爸爸媽媽反而要反其道而行，先降低對這個孩子的要求與標準，才可能減少批判。

而在發出批判的同時，請切記也要找到他值得讚許的地方。要批判孩子一句話，就要相對稱讚他七句話，讓批判與讚美的比例達到一：七，這麼做能讓孩子欣然接受父母的批判，不會產生怨懟，同時還能維持住自己的信心與正向自覺。

針對手足之間的相處，父母可以運用很多小技巧來舒緩彼此之間的爭寵問題。

通常會吃醋與產生忌妒心的都是大孩子，因為弟弟妹妹的出現，讓他有很強烈的被剝奪感。如果能讓大孩子感覺，弟弟妹妹的出現非但沒有讓他失去父母的愛，反而讓他多了一個愛他的家人、有趣的玩伴，孩子就會非常喜愛自己的弟弟妹妹。

你可以這麼做：

- 幫弟弟妹妹做人情：帶弟弟妹妹出門時，特意買一些小東西小點心，然後刻意說是弟弟妹妹想到要幫他買的，還特別幫他選了他最喜歡的樣式或是口味。
- 在分食物或是物品時，一定先讓大孩子來選：這樣做可以讓他感受到自己依舊是爸媽最重視的寶貝。
- 要親親抱抱孩子時，一定先從大孩子開始：這個動作可以讓他得到保證，他永遠是爸媽第一個值得疼愛的寶貝。有了這個保證，大孩子心中的醋意一定會大大減弱。
- 不時和大孩子一起翻看幼時的照片或是錄影，讓他不斷憶起爸爸媽媽也曾經用同等的愛來照顧他：孩子都是看到才會想到，然而關於幼時父母對他的照顧，大孩子早就不復記憶。刻意讓他們看到幼時的成長點滴，才能讓他確信父母絕對是愛他的，是公平的。

第五章

孩子需要
「訂好規則並相信他們」
的父母

漸進式放手的功課監督法

從「他律」到達「自律」是一個漸進式的緩慢過程。
我們不能永遠都在旁邊幫孩子讀書，但也不能大膽地說放手就放手。
幫助孩子自動自發寫功課與讀書，就是一個循序漸進的養成歷程，
而這個歷程的長短，每個孩子都不同。

早上買菜時，和一位媽媽聊了一陣。她說兒子上國中後很用功，但是也不知道到底讀進去了沒，似乎沒多久，孩子就進入神遊狀態。她疑惑的是，都已經國中了，還要媽媽陪讀嗎？還要媽媽監督嗎？到底她該不該介入孩子讀書一事？

其實我家也有「神童」——讀書時神遊的兒童，所以我對這個問題也很有感。

事實上，每個孩子的「自我掌控能力」成熟度不一，對於晚熟的孩子，不代表一進國中，他們心智就一定能與身高成正比；對父母而言，也不是說放手，就一定每一個科目通通都能一起撒手不管。

以我家老大而言，因為在他之上沒有學習的榜樣，而他又是一個好奇心強、對

課業以外會投入許多心血追求自我興趣的孩子，所以，研讀自己沒有興趣的科目，就很容易分心，也不太花費心思以掌握正確有效的讀書方式。

比如歷史地理這些以記憶為主的科目，就是他的弱項，往往伏在書桌上研讀了老半天，卻仍舊霧裡看花、愈看愈花，於是對這些科目就愈讀愈沒興趣。

當我觀察到這個現象時，我毫不遲疑地就伸出援手來幫助他。

我先請他全部把課文瀏覽過一遍，然後引導他把內容化為一個樹狀圖。比如說，一件歷史事件可以分出：一、發生原因，二、事件經過，三、事後影響，而第一個「發生原因」的分支，又可以再分出幾個原因，然後每個原因又再分出相關的人、事、時、地等更小的分支。

當他在心裡建構出一整幅事件的樹狀輪廓之後，便能快速記憶，並且很清楚事件的來龍去脈。而研讀完畢後，我也會不厭其煩地試著驗收，用口頭測試他吸收了多少。

這樣以引導、而不是硬灌知識讀史地的方法，一直到他國二，自主意識愈來愈強，也慢慢能掌握到讀書方法之後，我便退場。

每個孩子心智成熟的時間不一樣，也有孩子小學三四年級就能自己成功摸索出讀書方法，也能專心一致，不用大人操心，他們的父母著實讓其他人羨慕。但多數孩子幾乎到高年級還是需要很多外援力量幫助他們讀書，或是監督其專注度。

不過，孩子走向完全獨立學習不是一蹴可幾，對於心智晚熟的孩子，當然要設立比較細密的檢查點，介入多一點的幫助與檢核，才能降低他們的無助感，從每一個段落的「小成就感」累積自信。

如果孩子讀一頁書就會開始神遊，那麼，我們不如就以一頁做一個檢核點，等狀況穩定後再慢慢增加份量為兩頁檢核一次，然後到一個科目複習完畢或是一項功課做完就檢核一次，最後是全部的功課一起檢核。直到孩子心智成熟，又不願再讓父母介入時，就改以適時的口頭叮嚀代替介入檢查，最後才能全然退場。

此外，幫助孩子設立讀書計畫也是很重要的一件事情。讓孩子坐下來和我們一起討論每天做功課大約要花費多少時間，以及每天固定要複習的科目有哪些、要花費多少時間？把討論的結果做成一個固定的讀書計畫，貼在牆壁上或是書桌上。

每天回到家，花個三五分鐘，一起幫著孩子先想一想：今天該怎麼規劃讀書做功課的順序，每一樣功課需要多少時間，功課做完該複習哪一科？要花費多少時間？怎麼複習？讓孩子在進入書房前，心裡就有一個清楚的依據。

從小這樣幫著孩子養成習慣，隨著孩子慢慢長大，就會習慣成自然，具有自我規畫讀書進度的能力。

分段式檢查，讓學習不卡關

從孩子進入小學開始，我們都習慣坐在孩子旁邊當橡皮擦媽媽，孩子寫多久的功課，我們也就當多久的老師兼書僮。父母如此永遠隨侍在側，絕對是錯的，**我們需要建立一套「檢查點制度」，也就是當孩子每做完一部份作業時，我們就介入檢查一次，而介入點的間隔必須從「密集」慢慢發展成「粗略」。**

從小學一年級開始，多數孩子可能需要在每寫完一個字之後就讓爸媽檢查一次；一兩週之後，孩子便能進步到每寫半行再讓爸媽介入檢查一次；再一兩個月之後，孩子書寫的能力多半能提升到每完成一頁再讓父母檢查一次即可。

到了中年級，爸媽便可以改成「每做完一樣功課再檢查一次」。如果爸媽一直都堅守以「從細密到粗略的檢查點」來監督孩子課業，那麼當他們升到高年級以後，絕對能養成自動自發的習慣，並擁有長時間安坐的專心與毅力。

此時，不少孩子已能達到「由自己全部做完功課再一起交給爸媽檢查」的境界，或是早就不再需要爸媽介入作業，而是直接交給老師批改。

「緊迫盯人」一定會讓孩子反感，「放牛吃草」又會讓孩子無所適從，從「密集」到「粗略」建立檢查點，是有效協助孩最終能自動自發讀書做功課的方法。

適度補習也不是壞事

我認為，在體制內求學的孩子，
要養成自己讀書的習慣；
更要知道自己的弱處，不排斥借助外在力量，
適時利用補習，跨越課業的難關。

從進入高年級之後，特別是國中，每一科內容都加深加廣又加長，孩子讀書時好似在字海裡載浮載沉的遊魂，不知自己該航向何方。若非特別穎慧的孩子，一般多半無法立即適應這全然的新局。

中年級以前「上課即聽懂、下課輕鬆讀」的方法已不再適用，這時候，我明顯察覺到，老大翔翔需要我再次的介入與引導，才能提綱契領找到重點，掌握作筆記的方法，以及更有效率的讀書方法。

所幸，半大不大的小少年，自我意識雖已萌芽，但在懵懂之間仍舊相信父母是一盞明燈，仍願意以父母為馬首是瞻。

於是，我就以一個過來人的身分傳授有效的讀書方法；甚至，當翔翔遇到疑

難雜症時，他自己就會主動投向我的懷抱。

但是，經過一兩個寒暑，國二時，翔翔內在那「孩子」的成分明顯減少，如同他的聲音，加入更多成熟的雄渾，有了一百八十度大轉變，他堅決地告訴我：「讓我自己讀！我想自己讀！我能自己讀！讀書最終是我自己的事情，所以，我必須自己讀！」

翔翔堅決的態度提醒了我：在邁向完整人格的過程中，我無法阻擋孩子內在想主宰生命的「自我」，我必須學習抑制「永遠想當軍師」的干預本性。

其實我深知，翔翔根本還無法百分之百自己抓到書本的重點，必定還時時困在茫茫的字海裡游移不定。陪伴翔翔十多年，我怎會不知道，在他把房門無情關上之後，他勢必還迂迂迴迴地摸索著，繞來又繞去，徒然虛耗著珍貴的時間與體力。

但是，我知道，孩子走的這些冤枉路都是必要成本。在一次又一次的摸索中，他將更靠近課本裡的重點，更懂得深度分析，更能掌握自己讀書的效能。

所以，我必須學習去肯定他們願意一試的決心，並且先相信房門內是一個願意努力的身影。我得看透很重要的一點：除非打破親子間的和諧關係，否則無從打消孩子試圖「自我鍛鍊」的堅強意志時，那就該祝福孩子、相信他們，在一次又一次的摸索中，他們終能自我成長、靠近成功！

不過，這一路上，我並非全然大膽放手！在一定的距離之外，我會隨時細心地觀察孩子的狀況，監督他們學習的成效，若是不見起色，身為孩子的資源中心，我仍有責任尋找適當的時機，提供適當的援助，讓孩子有機會突破困難。

「讀得通嗎？看起來你的理化一直是較不穩定的科目。我發現你已經很盡力，但是試了快一學期，好像不見起色？是不是讀書方法有需要調整？還是有讀不通的地方？」

「基本的題目可以應付，但稍難的題目，我確實不能都理解。」

「你覺得自己用同樣的方式讀下去，會有機會改善嗎？」

「不確定！」

「要不要試試看補習？」

「馬麻，我不喜歡補習，交通往返很費時，而且時間太長，學校的功課反而做不完！」

「所以，你覺得你或許需要額外的教學來幫助你，但只是不喜歡占用你太多時間，也不希望把時間浪費在交通往返上？」

「可以這麼說！」

「所以只要解決以上的問題，還是可以接受補習來幫助你突破困境？」

「嗯，應該是！」

「那麼，我們就請一個適合你的家教來幫助你如何？畢竟我和爸爸老早就把理化忘光光了！而其實你是有進步的空間的，只是欠缺適當的引導與解答。」

經過一番討論，翔翔終於答應透過家教來補強弱科，而其他英文、數學等可以靠自己努力讀通的科目，我就大膽留給他自己去摸索，琢磨自己的學習能力。

我知道孩子不逃避、不焦慮，長此以往的累積，總會摸出自己的讀書方法，摸出做學問的方法，以及掌握到準備考試的訣竅。

或許，國中此一階段還無法開花結果，但孩子總有一天必須確認自己能倚靠自己的力量，吸收知識，並擁有能自我學習的自信。

翔翔雖不是念得頂尖，但是，我慶幸看到他的自動自發，以及願意面對現實的認份。最重要的是，對任何大小考試都秉持著極為難得的豁達與自在，給自己剛剛好的壓力。

然而，這還不夠，孩子還要能清楚掌握到自己難以突破的困境，懂得適時發出聲音尋求援助，而且，願意敞開心胸去接受外來的援助力量。

在體制內求學的孩子，既要有機會學習自己讀書的方法，養成自己讀書的習慣，更要知道自己的弱處，不排斥借助外在力量，也無須永遠把補習妖魔化。

讓安親班的孩子，不再一個口令，一個動作！

當今整個經濟大環境欠佳，雙薪是父母被迫的選擇，於是多數孩子課後都必須待在安親班。

父母必須了解不少安親班輔導孩子課業的模式是：老師一個口令，孩子一個動作。

在安親班老師的片面指令下，孩子被動式的完成功課、複習課業，甚至需要親自查詢、整理資料的作業，也都在老師的一手包辦下，直接複製資訊，孩子只需抄寫或黏貼即可。

雖然成果看起來完整漂亮，讓疲累的父母由衷感謝，但很可能因此埋下了「孩子不會自己規劃時間、安排生活，被動接受資訊，無法自主學習」的危機。

隨著孩子進入中高年級，父母必須和安親班老師溝通，務必指導孩子自行規劃時間與掌握功課進度的能力。

可以請安親班在聯絡簿上新增「自我規畫作業與複習進度表」，讓孩子一到安親班，就先規劃好自己書寫各項作業的時間與順序，並配合安親班老師分發的評量，安排好複習的科目與進度，在安親班老師的監督下，練習自我掌控、自我負責。

安親班老師的角色是：一、監督者，二、輔導者，三、安全維護與生活照顧者。所以在課業上，安親班老師除了在孩子怠惰分心時做提醒的動作，在孩子遇到困難時予以輔導、做適當的補強教學之外，尤該訓練孩子自我掌控的能力。

對於需要搜尋資料、整合資料才能完成的作業，或是撰述式的寫作作業，父母不妨回家後再予以檢核一次，從書寫的方向、內容、用字遣詞等，大約就可以掌握到孩子自己投入的程度。也可以和孩子稍微小聊一下，才能確保孩子是否是自行搜尋、自行消化、自行整合資訊，而非全由老師代勞。

從最後一名，變成傑出校友

這是我外甥女的真實故事。
這個從小不愛讀書的女孩，如今已是月入五萬多的護理師。
她奇蹟似的人生經歷告訴我：
不愛讀書的孩子也有自己的一條路，在想通後就能找到、並勇於追求那條道路。

一個從小不愛讀書的外甥女姍姍，傳給我一張她穿著大學學士服的畢業照。多令人驚訝！這位自幼常讓父母頭痛至極的漂亮美眉，如今已從長庚大學護理系畢業，而且成為勤奮又能幹的護理師，不斷升等。

她的轉變著實讓我好奇，但是長聊之後，我發現她的成長故事不只戲劇化，更是激勵人心。

我問姍姍：「聽說你最近以傑出校友的身分回到國中母校，跟學弟妹分享自己的成長故事啊？」

姍姍：「嗯，我這當年老是全班最後一名的學生竟然變成傑出校友，老師都跌破眼鏡了！老師說，為什麼我當年不早點改過向善呢？還跟小學弟小學妹介紹說：『這學姊以前壞得不得了！』，哈！」

「你不就是不讀書嘛？」

「才不只哩，因為我不想讀書，所以在學校無所事事，就成天和一堆跟我一樣不想讀書的同學集結在一起，專門找學弟學妹來霸凌！」

「為什麼要這樣？」

「不知道，覺得好玩，覺得自己很厲害吧！」

「怎麼霸凌法？」

「下課時圍堵他，幹譙他，髒話一長串罵到爽！就是耍太妹啦！有時還去便利商店順手牽羊一下！就是常常偷東西啦！也不覺慚愧，反正沒事可做！」

「你媽不氣爆了？」

「當然，每次我在房間都假裝讀書，把書房裡所有的閒書全讀完了，課本卻永遠在同一頁，因為我根本看不懂，我媽進來，我就假裝翻另一頁。」

「那為什麼你現在那麼乖？」

「現在哪有多乖啦？不過我國三時忽然驚醒，我從來不讀書，那高中該怎麼辦？未來要做什麼？我的表姊表妹都那麼優秀，我覺得自己會完蛋。所以就開始念書，但是也不知道該怎麼唸起，就每天在書房裡晃來晃去，能念懂的就念懂，念不懂我就一頁一頁翻完然後就去睡覺！然後，我想，我的未來該怎麼辦？該走什麼路呢？」

「那怎麼會去念護校？」

「我那時想我大概有兩條路，一個是學美髮，一個是去當護理師，因為我一點都不想幫人洗頭，也不愛研究美，但是我倒是很喜歡照顧人，所以只能選護理師這條路了！我最後一個學期稍微念了一下，竟然矇到護專！」

我說：「對，每次我看你洗碗擦桌子，都做得很仔細，你的確很會做事！不過學校離你家很遠ㄟ！每天上下課轉好幾趟車，來回要花掉三、四個小時，你不累嗎？」

「我就是傻傻的去念啊！反正覺得自己夠幸運了，竟然還有學校可以念ㄟ！」

「進護專有沒有念得比較好？」

「基礎太差，所以念得很辛苦，國文英文數學念得霧煞煞，不過，只要是『實務課』，我竟然都可以拿非常高分，像是包紮、傷口處理、打針、點滴、解剖辨認……而且我發現我挺有興趣的！也就是因為這些實務課、實習課，讓我知道自己可以當很棒的護理師，即使我不太會念書。」

「太棒了！但是五專畢業後你為什麼不直接就業？又去考大學呢？」

「我專四就考到護理師執照了，但是，我知道這個領域的確是我有興趣的，所以我就開始去想我的未來，我想念更多更高，所以專四專五就逼自己去補習啦！我的基礎不好，所以念得很辛苦，每天下午五點補習到十點，因為車程遠，我都在車上儘量做題目。當然，還是一大堆讀不通啦！只能緊儘量讀囉！就這樣傻傻的讀，就給它考到長庚了！」

「看！你現在每月五萬多五萬多的薪水在領ㄟ，專業的勒，小富婆一枚哩！」

「其實，阿姨，你不知道，我還想再繼續讀。呵呵，我偷偷跟你說，我非常想在三十歲出國繼續念研究所，現在我得先存錢！但是我的英文太破了，又有點不太敢想！」

「離三十歲你還有八年，還怕？現在學英文的工具那麼多，每天花一點點時間，八年夠你拚上來的啦！」

「啊，阿姨，時間不早了，我得去上班了，我是菜鳥，所以我都提前一個小時去看看病人的狀況，銜接一下，順便準備一些東西！」

「是醫院規定要提前一小時到嗎？」

「沒啦！是我自己想要提前一小時，因為可以多學一點。」

我真是感動又欣慰，給她一擊：「敬業喔！年輕人這樣有前途啦！」

「對了，我週末才回家喔，工作很忙，現在在急診室，又是大夜班，所以我多半住醫院囉！」

「哇！大夜、急診室，真的非常辛苦！要挺住哩！」

「OK啦！沒有比讀書辛苦啦！哈哈哈！」

眼前這個小美女告訴我：即使是不愛念書的孩子，也總有自己的一條路，而找到那條路之後，孩子就會知道該怎麼做。唯有自己去想通，才會自己去奮力追求，屆時上進心就像滾滾巨浪，擋也擋不住了！

讀書之外的人生道路

不是每個孩子都適合走「考試讀書」路線，有的孩子喜愛動手操作，但卻不擅長透過資訊分析來學習，這樣的孩子在學校制式的環境中一定會覺得上課極為無聊。若是父母一味逼迫這些孩子一定得長時間安靜讀書，絕對只會讓他們失去動機，厭惡學習。

對於怎麼讀也讀不好的孩子，只有放下「唯有讀書高」的觀念，反而要好好觀察他們真正喜歡以及擅長做的事情是什麼。因為這些孩子喜歡透過親身體驗、實際操作來學習，而當他們找到自己擅長的領域時，往往能爆發意想不到的學習力，甚至因而願意在自己有興趣的範疇裡追尋知識，屆時比會考試讀書的孩子更加勤奮，更努力！

讀書聽音樂，是助力還是阻力？

讀書聽音樂，究竟是提升學習效率，還是影響專注力？
雖然每個人的答案不一，但基本上，
研讀需要記憶、背誦的科目，以不聽音樂的效果最佳。
父母可以暫且應允讀書聽音樂，但若成績不盡理想，就不能再聽音樂。

小美的媽媽老是跟我抱怨，她家小公主一進房間讀書就把耳機掛上，不管讀什麼科目，都要聽音樂才願意讀。她非常不贊成，因為她認為讀書聽音樂，一定會影響專注度，但是每次勸說都無效，反而和女兒吵得不可開交。

「我女兒都說，我不是她，怎麼知道聽音樂會干擾讀書？她說她就是因為沒辦法專注，才聽音樂！但是，我發現她在研讀以『記憶』為主的歷史地理生物這些科目時，都讀得非常慢，而且成績也不怎麼樣，所以我禁止她邊讀書邊聽音樂，但她覺得我非常囉嗦！」

「其實，妳女兒說的也未必是錯的，或許她真的覺得聽音樂可以提高讀書效率！妳不妨好好跟他溝通，讓她自己做個實驗，比較一下，不聽音樂讀書以及聽音樂讀書的效果有何差別？特別是讀史地的時候。」

針對讀書該不該聽音樂這個問題，我特別詢問了孩子的很多同學，每一個人的狀況不同，有些人覺得一個人悶在房間讀書很孤單無聊，所以聽音樂反而能提升安靜久坐的動力，不然會一直坐立不安，魂不守舍；有些人卻覺得聽音樂的確會讓注意力渙散，所以讀書時絕不放音樂。

而即使主張讀書聽音樂的孩子，也不是贊同在讀任何一個科目時都可以聽音樂，我大約歸納出以下結論：

- 對大多數人而言，不論任何科目，讀書「不聽音樂」的效果普遍大於「聽音樂」。
- 做重複抄寫的功課、閱讀課外讀物時，可以聽音樂，而且聽什麼音樂都不至於有太大的影響。
- 需要專心思考才能理解的科目，如數學、理化，因為要全神貫注、反覆推敲，因此最好不要聽音樂；如果要聽音樂，以純配樂、輕音樂、古典音樂等較佳；避免節奏強烈、有歌詞、快速的音樂，流行歌曲。

●需要反覆背誦、文字龐雜的科目，因為要動用全副感官來分析文本、幫助記憶，必須傾全力的專注，所以不論任何音樂都會干擾，以「不聽音樂」的效果最佳。

●自覺聽覺較敏銳的人，絕對不要邊讀書邊聽音樂。如果平常睡覺連一點點小聲音都沒辦法忍受，或是很容易捕捉到細微聲響的人，都要避免讀書聽音樂，因為這代表「抗干擾閥值」較低，極容易被聲音牽引而分散注意力。

●絕對不要養成「不聽音樂就無法念書」的習慣，畢竟在學校或是正式的考試場合都不會有音樂相伴，如果沒有音樂就侷促不安，考試時則無法適應。

我也詢問過我家兒子讀書時有沒有聽音樂？兒子說，在讀史地時他若聽音樂真的很容易分心。有一次他讀著讀著覺得很無聊，忍不住就聽起了音樂，沒想到，不知不覺地就把講義放在一邊，而在廢紙上寫了好幾行歌詞。這證明了需要極度專注的科目，完全不適合聽音樂，特別是那些有歌詞、節奏強烈的音樂。

想在音樂聲中讀書？請先拿出成果再說

讀書時適不適合聽音樂，不是爸爸媽媽規定了就算，因為孩子一定會反駁，又不是我們在讀書，怎麼可以一口咬定聽音樂絕對會干擾專注？要說服孩子，一定要有憑有據，不妨和孩子約定「做試驗」，用具體的結果作為依據。

在讀兩個難易程度差不多的章節或段落時，第一個段落完全不放音樂，看看要讀多久，讀完後並由父母做口頭考核，驗收讀書的效果如何。

第二個段落時則讓孩子邊讀書邊聽音樂，看看要花費多少時間，並且同樣由父母口頭驗收。

如果明顯發現「不聽音樂」的讀書吸收力較好，則以此作為和孩子討論的依據，孩子才比較好被說服。

如果效果都差不多，則父母可以暫且應允孩子邊讀書邊聽音樂，但還是要立下「但書」，也就是學校的測驗成績若是沒有達到理想的標準，則改為不能聽音樂。

兒子十三歲的生日禮物：申請臉書

父母應該成為孩子的臉友，但也要扮演一個聰明又沉默的「透明人」——
隨時存在，但又不讓孩子感到存在；
隨時監督，但又不讓孩子感受到壓力；
掌握動態，但絕不讓孩子感受到被侵犯。

凱凱終於過了十三歲的生日，跟哥哥一樣，生日禮物不用我破費，就是一個：請准予申請臉書以及 gmail 帳號。

事實上，凱凱的同學們老早就嫌棄他跟不上時代，但凱凱似乎從未感受到沒有臉書的不方便與數位落後感，於是也恪遵本家家規：十三歲才能申請臉書。

而我也恪遵臉書公司的 parents' guide（父母指導守則）中最重要的一條：強烈建議父母禁止年齡不足十三歲之孩子申請使用，因無法保證臉書所創造的網路環境適合十三歲以下學童。

因此，若未滿十三歲的孩子在填寫申請網頁時老老實實的申報出生年月日，根本不可能過關。

但如今臉書的使用在小學已經很普遍，所以大家都是謊報年齡才申請通過。如此就產生了一個矛盾：如果大人們認可孩子謊報年齡的行為，那不就是公然允諾孩子可以輕忽「誠信」的重要？

臉書公司認為他們創造的臉書網路環境裡，充滿各種成人才適合閱讀的文字或圖片，也很可能讓年幼孩子面臨網路霸凌問題或是個人隱私曝光的陷阱。

基於誠信教育、安全保護、資訊適當的原因，因此只要有家長問我關於孩子臉書的問題，我首先一定會詢問孩子滿十三歲了嗎？先別談孩子是否沉迷於臉書，而是先確定孩子有無資格使用臉書。

至於十三歲以上的孩子，絕大多數都會以臉書作為社交工具，而有手機的孩子，甚至更依賴 line。這是現代青少年社交的主要模式，如果孩子自覺跟不上同學的腳步，一定會有強烈的被孤立感。青少年非常重視是否能打入同儕的社交圈裡，所以我贊成我家國中高中的孩子使用。

但是青少年自我控制力尚未成熟，多數青少年還是必須仰賴父母訂定使用規則，並適當監督，才能讓他們藉由網路社交工具來維持社交網絡，而非干擾到自己的學習與生活。

此外，衝動又缺乏判斷力的青少年在複雜的臉書環境中，很容易犯下輕易洩漏自己的個資、輕易相信不實消息、盲目散布謠言、隨意批評別人、捲入網路霸凌，以及隨意與陌生人交往等錯誤。

雖然臉書環境對青少年而言充滿了這麼多危機，但是根據調查，卻有四成的青少年不希望父母成為他們的臉友，這是因為這個年紀的孩子開始希望保有一部分的隱私，想自由自在的在臉書裡探索，不希望自己的生活被父母追蹤，或是擔心父母會亂留言、東管西管太囉嗦，讓他們在同學面前很沒面子。

到底父母該不該成為青少年的臉友呢？答案當然是：即使孩子不希望，但還是應該！而且是在一開始允許孩子申請臉書時的第一個條件。

但是父母在孩子的臉書裡要做一個聰明又沉默的「透明人」——隨時存在，但又不讓孩子感到存在；隨時監督，但又不讓孩子感受到壓力；掌握動態，但絕不讓孩子感受到被侵犯。

要當孩子的臉友，請做到以下幾點：

- 絕對不留言。
- 不要參與孩子和同學之間的討論。
- 不要常常按讚，否則會讓孩子感到我們如影隨行，反而讓孩子反感。
- 千萬不要一發現孩子有不當發言，就沉不住氣立刻開罵，這樣會讓孩子知道我們隨時在監控他的臉書。要聰明地找時機、儘量不著痕跡地點出來，然後再重新強調使用臉書注意規則。

- 定期以孩子的名字或是暱稱 google 搜尋孩子在網路上的動向。

而當孩子有資格申請臉書時，務必與他先訂定以下的使用規則，若不遵守，必須訂定罰則：

- 不可加入不認識的臉友。
- 臉友名單要讓父母知道。
- 不使用髒話或是不文雅字句。
- 不在臉書上公開批評同學朋友。
- 絕不洩漏別人的隱私或是負面的事件。
- 不參與網路的言論霸凌。
- 不散布或轉貼不確定的消息。
- 不散布或轉貼情色圖片或是訊息。
- 在規定可使用電腦或手機的時間上臉書。
- 禁止邊做功課邊使用電腦或手機。

讓臉書成為展演才能的舞台

除了把臉書當成跟朋友哈拉聊天的社交工具外，還可以鼓勵孩子開發臉書更多面向的功能，把它當成興趣與才能的展演舞台，或是書寫生活觀察日誌，又或是當做新奇實用的資訊交換平台。這樣不僅不浪費時間，反而能磨練孩子的書寫能力、圖文搭配能力、資訊蒐集能力，以及能在某一個感興趣的領域裡不斷累積知識、自主學習。比如：

- 鼓勵愛看電影的孩子寫影評。
- 鼓勵喜愛閱讀的孩子發表讀書心得。
- 鼓勵愛手做的孩子貼出作品和好友分享。
- 書寫動人的生命故事。
- 記錄珍貴的旅遊經驗。
- 鼓勵孩子關心重大議題或時事，提出自己的見解。
- 鼓勵孩子參與自己感興趣的社群，與志同道合的朋友切磋交換資訊，但必須經過父母的同意並公開。

送手機，也要附上「使用說明書」

科技的進步，除了讓生活更便利外，相對地也對教養問題形成挑戰。滑世代、低頭族的年齡層已下修到青少年、甚至是小學生的階層。如果接觸數位資訊用品已是現代孩子無可阻擋的趨勢，那麼，事前的規範與管教便非常重要。

去年，有一位國二學生因偷買 iphone 6 被父母責罵而跳樓自殺，針對此新聞，我和家裡的少年郎們討論了一番。

小四的鈞鈞說：「我覺得爸爸媽媽應該在一開始就常常跟孩子說，什麼該做，什麼不該做，讓孩子知道是非善惡。」

七年級的凱凱說：「這個孩子真的有做錯事，而且非常不對，我覺得他的父母一定生非常大的氣，也很可能因為在氣頭上用了激將法，才把孩子激到賭氣跳樓！」

九年級的翔翔說：「我覺得手機事件或許只是導火線，他們之間可能早就積壓了很多不滿，但是我覺得，這個同學或許自尊心太強了。其實，他真的做不對，應該要能體諒父母真的被氣到爆炸！」

針對三個孩子的回應，我思考了幾個問題。

根據鈞鈞的想法，父母應該及早讓孩子認清是非善惡，而縮小到手機的使用問題之上，如果「接觸數位資訊用品」是現代孩子無可阻擋的趨勢，那麼順應這個潮流，「事前的規範與管教」便非常重要。

客觀地去同理孩子們在社交、娛樂、甚至學習上對「數位用品」的需要，而因著這些需要，親子要一起坐下來，好好討論何時最適合擁有手機，以及該訂定哪些使用規則。

這讓我想到曾經看過一個美國媽媽 Janelle Hofmann，她在孩子進入青少年時期，便很敏銳地偵測到孩子對智慧型手機的渴慕，以及無法跟同儕並駕齊驅的落寞，於是在聖誕節時，主動送了一支 iPhone 給她十三歲的大兒子 Gregory。

但是 Janelle Hofmann 不只有送手機，且送了更重要的禮物——iPhone 的使用合約。

看了這合約內容之後，我只能說，這個禮物有如一塊極不好咀嚼的甜蜜蛋糕，插滿了一把把利刃的仁慈愛心。孩子微笑收禮之後，必定有更多戒慎恐懼的惶恐。

這位媽媽所寫的合約重點如下：

- 這是我的手機。這是我買的、我付錢的。我現在把它借給你，夠偉大了吧？
- 密碼要讓我知道。
- 用有禮貌的態度接電話，說「您好」。不可以忽視任何一通顯示為「老媽」或「老爸」的電話。
- 平日要在晚上七點半前把 iphone 交還給爸媽，週末則在晚上九點前，隔日早上七點半再打開。
- 使用 iphone 和使用一般電話一樣，要尊重別人的作息，不可太晚打給別人。
- 不可帶 iphone 到學校去。
- 和同學、朋友用簡訊溝通，比不上當面和他說點話好。
- 如果 iphone 故障或是遺失，你要承擔維修的費用。
- 不要用這項科技去欺騙、愚弄其他人，同時也不參與討論。
- 如果面對面不會說也不會寫出來的話語，更不能用電話說出來、寫出來。
- 如果在同學、朋友的父母親都在的情況下，不會大聲去說的話語，請不要寫、或寄電郵。
- 別看色情資訊。瀏覽那些你會大大方方和我分享的網站。如果你對任何事物有疑問、感到好奇，不如問我或爸爸。

- 在公共場合要將它關機或設定成靜音。
- 別郵寄、接收身體私密部位的圖片，也許有一天你會被外界干擾，誘惑你這麼做，這樣非常危險，會毀掉你的青少年、大學甚至是人生。
- 不要下載一卡車的圖片和視頻。
- 偶爾把 iphone 留在家裡，別感到沒安全感，它並不是活的，更不是你身體一部分。
- 不要一直當「低頭族」，眼光要常放在生活周遭的世界中，往窗外看看有什麼新鮮事。

綜觀 Janelle Hofmann 媽咪列出的條約，猶如密織的防網，能全然堵住「手機少年郎」可能犯下的輕率與偏差行為。我想，未來，這將會是我和孩子訂定類似合約的最佳範本！

然而，洋洋灑灑的條約，面面俱到的關切，卻有一個我認為尚待商榷的問題：一個才從小學進入中學的十三歲孩子，或許都看得懂父母所寫的白紙黑字，但未必都能記得牢；而或許能記得牢，卻未必都能做得到。

畢竟，十三歲，確實是自我控制力極為薄弱的年齡。大部分的十三歲孩子，想得不多也不深，忘記的卻很多；能受自己主導的不多，但是受同儕影響的卻很多；打從心裡認同的規矩不可能太多，但想要冒險衝撞的機率卻非常多！

我問咱家十五歲、十三歲的少年郎，沒有智慧型手機，真的很不方便嗎？

「還好！」、「不會！」、「反正在學校也不能用，回到家有電腦也有 iPad，沒差！」

我再問：「同學使用智慧型手機，除了打電話，學習上非得需要它嗎？」

「用在學習？很少用在學習啦！用來上網、line、臉書、電玩比較多！」

看來，十三十五少年郎使用「智慧型手機」，多半「不太智慧」！

因為看不出一個小學生、國中生非得有「智慧型手機」的迫切需要，因此，在孩子中年級時，我就曾和他們討論，並將下面的結果拍板定案：

- 國二可以擁有手機，但是不需要智慧型手機，只要能打通、接通的電話即可，主要功能在於「和家人朋友聯絡」，若要上網，請回家之後使用家庭電腦。
- 最早「高一」才可能提供智慧型手機。

而我也會效仿 Janelle Hofmann，附送給孩子們比手機更為重要的「借用（非使用）合約」。

用「同理」的溝通，取代權威式管教

孩子約從十一、二歲開始進入青春期，頭腦因重新整合而紛亂，有時連他們自己都不清楚自己在想些什麼，一個衝動，色情圖片也看了，不良網站也闖了，網路霸凌也參與了！

而此時因擁有強烈的自我意識，所以自尊心特別的強烈，父母的管教必定要先從「同理」出發，才可能打開少年願意溝通的心，然後才有機會一起坐下來，訂定合理的規則。切莫過於頻繁的數落、激將、強押、威迫，這必會激起叛逆心理。

以下有十二個管教青春期孩子的原則，供各位家有青少年的父母參考。

- 一起訂定合理有效的規則。
- 挑選在重要時機擺出父母絕對的威嚴。
- 管大方向，不緊迫盯人。
- 保持適當距離。
- 尊重適度隱私。
- 適當的置身事外。
- 相信他的能力。
- 持續給予視野、榜樣、身教。
- 適度的關心。

- 肢體的溫暖鼓舞。
- 書面的關心與溝通。
- 讓新奇的興趣成為交集。

【父母怎麼辦】

如何讓孩子不被網路、手機牽著走？

Q1 我的國中孩子寫功課時堅持要把手機拿到房間去，說是討論功課要用到，我說不准，他就會頂嘴說我不講道理，難道寫功課查資料都不行嗎？常常為了讀書能不能用手機吵得天翻地覆，親子都快決裂了，該怎麼辦？

A 孩子寫功課若遇到問題時，或許真的有必要透過手機和同學討論，就這個部分，父母不要馬上帶著成見否定孩子：「不要騙人了，誰不知道你要拿來上臉書、玩遊戲！」

一開始就否定孩子的出發點，孩子會覺得自己被否定；即使他真的是想用討論功課作為藉口，但因為一下子人格就被父母貶低，孩子也會故意辯解自己是被誤解了。

如果孩子確實需要常常使用手機來和同學討論功課，那麼就要針對這個部分訂定規則，比如：做功課時絕對不可以把手機拿進房間，先暫時交由父母保管；如有需要使用，請跟父母借用，每次最多十五分鐘；如需延長，再跟父母報備。

有人說，這樣管制孩子使用手機，簡直就像是防賊，真的有此必要嗎？

多數國中以下孩子的衝動控制尚未發展完全，確實需要外在的管制力量，所以訂定好使用規則絕對有必要。

直到高中以上，則可以慢慢試著把管控權交回他們的手裡，但也必須常常提醒他們，要能做到自我約束，也就是自我規定：每隔多少時間，才准許自己碰手機多少時間；如果還是做不到，則告訴他們將手機先暫時隔絕在視線之外。

隨著孩子長大，要讓孩子練習自己做自己的主人。高中以上的孩子預想後果的能力較強，也比較懂思考自己的未來，這個時候，若是還需要一味地靠父母管束，反而沒有機會練習自我負責。

Q2 我家國二的兒子最大的興趣就是打電動，最喜歡玩線上遊戲 LOL 英雄聯盟，一玩起來就幾乎停不下來，即使我已經把平板電腦全放在客廳，不准他們帶到房間使用，而且也訂定好使用時間，但時間一到，他幾乎都會耍賴，然後就大吵大鬧，我們親子常常為這件事情吵得天翻地覆，怎麼辦？

A 父母能做到和孩子訂定「網路使用規則」，而且把數位用品放在客廳，這樣至少已能讓孩子心裡有個基本認知，知道不可以無止境地玩線上遊戲。但是一旦孩子接觸線上遊戲，就很難不沉迷。

一來遊戲太過誘惑，一關接一關，帶來無止境的成就感，幾乎沒辦法停頓。二來，這些線上遊戲也是青少年的社交場域，和同學在線上一起作戰，可以滿足被同儕認同的感覺。

所以父母一定要有一個心理預備：即使已經訂定規則，限定孩子每天玩多少時間，什麼時候可以玩，但是充滿巨大誘惑力的線上遊戲，依舊會牽引孩子想盡辦法越界。除非孩子一開始就不接觸，否則接觸之後，一定會常常討價還價，父母一定要比孩子更堅守原則，而該有的罰則也一定要訂定清楚，比如超過十分鐘不關機，就三天不准碰電腦。

其實，父母的角色是在幫助孩子養成自律，因此可以在時間快到的十分鐘前先行提醒孩子，讓他們心裡有所預備；若時間已到，孩子還是無法停止，則放行五分鐘，讓孩子有慢慢收尾的緩衝時間。

如果孩子依然討價還價，而且頻率很高，則建議父母安裝教育部開發的「網路守護天使」軟體，不僅可以阻擋色情、暴力、惡意干擾網站，同時還有下面幾項效果：

- 設定「上網停歇時間」：讓孩子在使用一定時間之後，電腦會自動停止。
- 設定「停止上網的時段」：在那些時段電腦無法上網。
- 設定「黑名單網站名單」：小朋友無法連上設定為黑名單的網站。

另外，電信公司也推出好用的管理方案，費用不高，設定簡易。例如中華電信推出：

- 「HiNet 上網時間管理」：可由父母設定 wifi 的開放時段。
- 「色情守門員」：可自動阻擋色情網站。
- 「行動健康上網」：提供三項防護，包括「阻擋兒少不宜網站及 APP」、「管理 APP 使用時間」以及「網站瀏覽次數統計」，能避免孩子誤觸色情、暴力、賭博、毒品、武器及自殺等兒少不宜網站或 APP。

台灣大哥大也有推出費用相當划算的方案：

- 「上網管家」：禁止晚上十二點之後行動上網。
- 「色情警衛」：自動過濾手機的色情網站。

第六章

關於孩子的前途：社會選擇「懂自己、會做人、能做事」的孩子

99%的父母都會犯的錯：好成績＝好孩子

「成績優等於各方面都OK的好孩子」，是個恐怖的錯覺。
我們常忘了在道德觀、價值觀、人生觀上更該給予孩子正向的指引，
又或是忽略他們在心理與人際上遇到的問題。
於是，我們愈來愈不瞭解孩子的內心、也愈來愈容易錯怪孩子。

和幾位國中生聊天，他們透露為什麼不太愛和父母聊天，因為爸媽三句不離成績。

有個女孩說：「現在連我媽問我在學校過得如何，我都很害怕，因為接下去不到三句話，她一定會扯到考試成績。所以我乾脆儘量避開她！」

另一位同學也附和：「對啊，好像除了成績之外，爸媽覺得什麼都不重要！」

傳統上我們總會認定：成績好的孩子＝行為無虞的好孩子。

因此，多數父母只要看到孩子保持好成績，就彷彿吃下「各方面都OK」的定心丸。殊不知，孩子的思想是否純正、心靈是否健康都無關乎分數與排名。

阿鴻就是一例，他是數理資優生，下課總是悶著頭做自己的事情，不太和同學互動。而他有一個很明顯的缺點，就是不太能打理自己的服裝儀容與維持桌椅的整潔，加上體型矮胖，所以變成班上調皮男生的霸凌對象。

每天一下課，就有人故意拿東西K他，或撞他的書桌，笑罵他：白癡！三小！有時候他去上廁所，就有人偷偷把他的課本藏起來，害他下一節課找不到課本而被老師責罰。總是名列前茅的他慢慢就有了憂鬱的傾向。

而另外完全相反的例子是佑吉，他的功課保持在前段，口才極佳，非常會帶動氣氛，而且打起籃球無人能敵，能文能武的他，成為班上的領頭份子。不過為了凸顯地位，他特別喜歡欺負班上一兩位沉默瘦小的男生，故意捉弄他們，用髒話羞辱他們，甚至威脅他們掏錢請客。

以上的例子說明了「好成績」反而可能是掩飾孩子脆弱心靈、價值偏差或是人際困境的保護色，讓父母無法偵測到孩子的心理問題。

而孩子不斷地接收父母「追分再追分」的密集指令，也很可能誤以為：追求高分＝完整人生已達陣。

青少年階段，「自我意識」正在啟蒙，傾向遠避「外力」的監督，而父母總以為「成績好就是萬事OK」，不太花費心力留意孩子的思想價值是否純正。因此，社會上錯亂的價值很容易就與「叛逆」又「封閉」的孩子一拍即合。

尤其當孩子陷入困境時，很容易一個人躲在自己的世界自我摸索，或是在網路上自由闖蕩，既沒有公共的監控，也沒有良師益友的牽引，缺乏判斷力的孩子很容易就產生思想偏差，慢慢形成扭曲的人格；也可能因為解決不了問題而退縮封閉。

這就是為什麼可怕的殺人魔不再是幫派分子，反社會人格也不再是成績低下的學生。北捷殺人魔鄭捷是一例，以兇殘手段毀滅女友的台大高材生張彥文是一例。

自認為關心孩子的父母，我們一起想一想，是否我們只關心了成績，也只想要和孩子談成績？是否忘了在道德觀、價值觀、人生觀上繼續對孩子滲透影響力，或者花費更多時間去了解孩子在心理上、人際上可能遇到哪些問題？

只關心成績，會把孩子愈趕愈遠，當孩子遇到問題時，就不願意對我們傾訴，我們也就愈來愈不瞭解孩子的內心、愈來愈容易錯怪孩子，而造成衝突不斷。屆時，若想在任何一方面去影響孩子，將愈來愈困難！

別當青春期孩子的「拒絕往來戶」

看到孩子天天滑手機、成績差、不準時回家，父母就滿心憂慮，但是多說了兩句，孩子便一言九「頂」，該怎麼說，才能讓孩子願意聽？

一、正面而幽默的切入

此時期，孩子最痛恨父母抓緊時機就來一頓曉以大義，與其「機會教育」，不如用幽默的方式，營造溫暖的互動氣氛。

比如，看到孩子浪費時間弄頭髮，與其劈頭罵道：「每天花那麼多時間搞這些，難怪成績那麼差！」，倒不如先從正面肯定孩子，理解此時期孩子重視「外貌」的心理。這樣表達：「雖然我也覺得女兒是個大美人，不過，聽說頭皮下的東西比頭皮上的還重要喔！」

二、從孩子有興趣的話題開始聊起

父母很容易先從最擔心的部分開始切入，於是劈頭就問：「我每天都看你一直滑手機，這樣怎麼可能專心讀書呢？」

總是這些陳腔濫調，哪個青少年不溜之大吉？

不妨從孩子喜愛的話題聊起，並且去涉獵孩子深感興趣的領域，比如孩子喜愛的電影、偶像團體、超夯的動漫……只要是孩子喜愛的話題，必定會毫不保留地和我們聊得徹底，甚至根本忘記我們是「父母」。

然後利用機會，巧妙順帶提點我們想傳達的訊息，孩子多半都會欣然接受。

三、溫暖的肢體互動、簡訊字條傳溫情

青春期的孩子不喜歡和父母正面交手，但不代表不需要父母的關懷。看到孩子遇到挫折時，若直接了當地逼問，會讓孩子更加封閉自己。

口說不如用「字」傳情，透過 line、留紙條的方式，以溫暖、迂迴的方式寫下隻字片語，孩子會悄悄地收下我們的關心。

此外，每天不忘溫暖的肢體互動，拍個肩、擊個掌，親密的小動作能讓親子之情長期保鮮。

複雜的人際互動，比讀書更難學

我總是非常關心孩子是否能融入團體，懂不懂得和不同個性的人相處，更鼓勵孩子主動擔任班級幹部，以便從服務中去了解人性，並從實際遇到的問題中去學習溝通技巧。

因為我知道，未來在社會上工作，「做人」絕對比「分數」更具決定性。

人生風景出落得如何，大約在熟年，都有了鮮明的輪廓。近日，因為對一位小學同學的美妙人生風景感到好奇，而邀約與之聚餐。

她在小學時並不特別優秀，也不常強出風頭，就只是乖巧可愛。事實上，我不記得她具有令人驚豔的才華，也不記得她榮登過前三名。

我只記得她為人隨和，笑口常開。若是以一般世俗的眼光來判斷，大約長大以後是一名平凡的上班族，或者是按著人生軌道，結婚、生子，當一名知足的家庭主婦吧？

在餐廳裡赫然出現的，是一位身著俐落套裝、滿臉自信的女士，高挑、秀挺，清爽適宜的彩妝，遮不住其豐富閱歷所堆砌的幹練與精明。然而，滿臉親切的笑容，又完全調和了一名女強人的銳氣。

這位同學，目前是兩家國際物流公司的總經理。

還沒開始進入話題，我已感受到一股力量。我百分百確定，她，絕對是我這個考試分數勝出者的榜樣。

一陣寒暄之後，我單刀直入：「同學，你的強項到底是什麼？」

CEO女同學目瞪口呆：「老同學，你問倒我了！我，強項在哪裡？」她聳聳肩：「真的ㄟ，我好像沒有強項啊！說畫畫，我不會；說寫作，寫不過你；說數學，那是我的痛苦啊！」

「沒有強項，怎麼可能當上總經理？不可能！」

「我想我一路上遇到很多貴人！」

「那一般人怎麼就遇不到貴人？」

「我覺得一路上都會出現照顧我、提攜我的人。」

「那你身上一定有一種特質，讓人願意提攜你！」

「嗯，大概吧！我身邊好像都有很多人幫助我，就一路走到現在！」

「這就是了吧，你或許有一股特別的魅力，讓上面的人願意提拔你，平行的人也不排斥你！應該連你的下屬也不知不覺想幫你做事？」

「嗯，同學，今天我好像是來給你做『人格特質分析』的啊！你倒真的提醒了我自己有某一方面的能耐。」

我直接點明：「那就是對人際關係的靈敏，我想，說得世俗一點，就是，你很有『手腕』啦，呵呵，不像我，書呆子一枚！」

我進一步美言：「正是因為你喜歡接近人，才能累積處理人際關係的靈活度與技巧，所以不論是主管、同事、屬下，你都懂得相處之道，而這些日積月累的人際關係，也就是人脈，成為你最大的資源。」

「是啊！你似乎分析得很有道理，我對人總是非常有興趣，也喜歡交朋友，也擅長人際的應對或是應酬吧。如果有人說退休以後要到鄉下隱居，對不起，我絕對辦不到，如果可以，我要住在SOGO樓上，哇哈哈，我就是喜歡人群！」

正是因為看到「人際力」如此關鍵，所以我總是非常關心孩子是否能融入團體，懂不懂得和不同個性的人相處，更鼓勵孩子主動擔任班級幹部，以便從服務中去了解人性，並從實際遇到的問題中去學習溝通技巧。

記得剛出社會工作時，我並非適應得很好，就因不會處理「複雜的人際關係」！

我在當學生時，是一個乖巧文靜的好孩子；而大學時的打工經驗又僅止於家教，只要我能把孩子教會了，就完成任務。但哪個孩子不乖乖聽老師的話呢？

一畢業進入社會大海裡，我才發現，該具備的安全裝備、該練就的泳技，我一概缺乏。

我的嘴巴不夠甜，常常不自覺地講錯話而得罪了人；我乖乖做好份內事情，但卻常常被惡人先告狀；同事懶得做的事情就丟給我，我卻不知如何拒絕，做不好時反而被主管訓斥。這些非關工作本身的困擾，讓我痛苦至極！

所以，我鼓勵孩子及早在人群中去了解不同人的個性，去認識人性中的善良與黑暗，鍛鍊人際技巧：什麼時候該開玩笑，什麼時候不可開玩笑；什麼時候開口說話，什麼時候該保持沉默；對什麼人說什麼話，對什麼人忌諱說什麼話；該拒絕的時候，如何漂亮地拒絕；該維護權益時，又該如何委婉地讓別人尊重以對。

如何識人、察言觀色、應對進退、讓身段柔軟、明哲保身、累積人脈……這些做人技巧的難度絕不輸給讀書考試，然而書本卻不會教，試卷也考不出來。但在社會上工作，「做人」絕對比「分數」更具決定性！

有順暢的人際關係，才能順利推展工作！

中高年級以上孩子在班級裡的生存法則

孩子從家裡走入學校，意味著從「被呵護」走向「自我掌控」，從「下對上」的單純關係，走向「多角複雜的人際網絡」，他們純稚可愛的心，不可能永遠簡簡單單、甜甜蜜蜜。

特別是進入中高年級之後，孩子的心思愈形複雜，班上開始出現嗆人、排擠、分化、甚至霸凌的現象，因之，「教室」慢慢成為血淋淋的「社會化歷練所」。不少孩子開始遭遇人際的難題，大部分孩子都會開始思考在團體裡的生存法則。

孩子的一言一行、一舉一動，可能掀起掌聲或噓聲、歡聲或嗆聲、磨練或者傷害。於是，很多高年級以上孩子常常和我分享他們的生存之道，如下：

- 上課適當發言即可，避免一直舉手發問或發言，過度展現自己的知識與才智，容易遭人排斥。
- 雖然要同情弱者，並適時對「邊緣份子」投注關懷，但一定要有智慧地靠近「主流派」，或者擁有自己清楚所屬的團體，避免落單。
- 雖靠緊主流份子或是自己熟悉的團體，但仍須保持自己的是非判斷力，保持正直與理性，不必事事盲從主流分子。
- 高年級以上的孩子特別喜歡標新立異，所以有時耍一點小酷、但又不要太酷，有一點小壞、又不要太壞，反而能吸引更多朋友肝膽相照。

● 避免直接批判，或用激烈的言詞、髒話嗆同學。想要批判同學，改用幽默的方式，或是轉個彎諷刺，才不致得罪同學。

● 避免老愛告狀，遇見不公不義之事，如私下提醒無效，一定要學會有技巧的、私底下告知師長。

● 若是當上幹部，必定要樹立威嚴，才能指揮有力，但是私底下必須笑容可掬、幽默風趣、謙虛可親，並樂於助人，才能得到同學的支持擁戴。

為什麼孩子的自尊那麼脆弱？

這一代孩子的自尊太脆弱，
很可能是罵不得、輸不起、無法接受任何指責的過度嬌貴。
我們應該積極灌輸孩子：
「世上只有一種方法能摧毀自尊心，卻有一百種方法能建立自尊心。」

有一位老師跟我說，有一位同學的物品不小心掉落，砸到另一位同學，被砸到的同學一整節課都趴在桌上哭泣，老師特別檢查了一下，並無大礙，也請那位粗心的孩子道了歉，但這位同學就是覺得滿肚子委屈。

第二天，學校就接到這孩子的家長一通通的抱怨電話，而老師也被這位家長厲聲責難，最後被逼得出面詳加說明，並再次致歉。

另外有一位老師跟我說，班上有位同學明顯的怠惰，常栽在一些老問題上而不思長進，老師說他很清楚這孩子不是不會，而是學習的基本態度就有偏差。

但這位學生的父母態度非常強硬地告訴他說，請不要點明孩子的問題，因為這會傷了他的自尊心，他的孩子要怎麼學習就怎麼學習。於是老師只能眼巴巴的看著孩子在原地打轉。

還有個例子。聖誕節前夕，有一位小朋友跟我透露，她將會得到一份貴重的聖誕禮物，因為她已央求媽媽要特別到百貨公司排隊購買，價值四、五千元，她說她一定要得到，因為她已經跟同學說了這件事，萬一沒得到這份禮物就太丟臉了。

據我所知，這位怕傷孩子自尊心的媽媽果真的去提了貨！

有人說：「建立孩子自尊的方法只有一種，但卻有一百種方法能輕易摧毀孩子的自尊。」

但目睹愈來愈多罵不得、輸不起、不肯面對錯誤的孩子，我心裡出現另一種聲音：

為什麼有那麼多方法能摧毀孩子的自尊心？為什麼是一百種？不是五十種？不是十種？

為什麼我們的孩子不能到把這句話倒過來說：「世界上只有一種方法能摧毀自尊心，卻有一百種方法能建立自尊心。」

我曾有一位主管，每當大老闆大發雷霆時，他都會事先來跟我們說：「等會兒大老闆會找大家開會，一定會大罵一頓，到時候不論是誰的責任，大家都不要說話，讓我一個人被罵就好！」

當時我在想，這個年輕主管那麼認真的工作，沒有功勞，也有苦勞，隨意被指責已夠殘酷，更何況是代替屬下接受無情的批鬥？這需要多麼大的肚量，多麼柔軟的身段？

對上有雅量，對下能體諒，果真，這位主管在很短的時間內就當上副總。

在職場上，沒有幾個老闆是不罵人的，這不是我們這些ＬＫＫ才會面臨到的血淋淋場面。因此，不會有人跟我們的孩子保證，他一輩子都不會遇到壞人、霸道的人、亂罵人的人。

但是，現在有太多孩子還沒遇到真正的壞人，只是受到一點點的不公義，甚至只是合情合理地被直言糾正，就已經氣憤填膺，要父母站出來，採用激烈的手段抗爭到底。

維護孩子的自尊，不是去姑息他們的問題，也不是幫他們創造一個無殺傷力的環境，更不是用外在物質來築高「假自尊」。

我回頭細想當年那位年輕主管，是什麼力量支持他不帶一絲怨懟、一肩扛起責任？我認為是真正的自信、透徹認識自己的價值，知道自己能做什麼，因此，對於無情、無理的批判，視之如來去之風，瀟脫以對。

這社會始終有不公義、不仁慈、不體恤、不溫柔的一面，當我們奮不顧身地為孩子抵擋責難、當我們盡心盡力為孩子築一道公義、仁慈、體恤、溫柔的城牆時，別忘記，孩子終究有一天要走出我們的羽翼，獨自面對社會醜惡的一面！

讓他知道世界上本來就不只有支持、鼓舞、善良與好人，讓他習慣接受批判、責難、不滿與唾棄，勇敢面對自己的問題、透徹掌握自己的不足。甚至，讓他見識一下壞人兇惡的臉，涉獵一點社會的險惡，也沒什麼不好。

但最重要的是，要給孩子真正堅實不摧的自尊，對自己持著定見，對自己有清楚的評價，在心裡保有正確而堅固的價值觀點。那麼，不論面對之事情多麼無理，交涉的人物多麼鴨霸，皆能淡定以對。

請別再說：「建立自尊的方法只有一種，但卻有一百種方法能輕易摧毀自尊。」這一代孩子的自尊太脆弱，很可能是罵不得、輸不起、無法接受任何指責的過度嬌貴。而是積極灌輸孩子：「世界上只有一種方法能摧毀自尊心，卻有一百種方法能建立自尊心。」

三步驟，處理孩子從學校帶回來的抱怨

當孩子在學校受到委屈時，不論是否是事實，我們首先必定是去同理孩子，讓他知道世界上就是有一份支持他的愛，一處挺他的地方。

但是，緊接著，就要非常理性客觀地去了解事情的來龍去脈，別人是故意的還是無心的？對方是否已經認錯道歉？並且引導孩子去想一想，下次遇到同樣的狀況時，怎麼保護自己，避免紛爭？

如果馬上跳出來痛批對方或老師，孩子雖然感受到強大的支持力量，但也同時學會恨意與報仇；最嚴重的是他可能學會：不論自己有沒有錯，只要和爸媽告狀，把事情誇張化，變成受害者，那麼爸媽就會忽略我的錯誤，替我打抱不平，以後不管我做什麼事，老師和同學都不敢指責我了！

面對孩子的抱怨，處理三步驟如下：

一、同理與擁抱：

聽孩子訴苦，同理他的委屈，給予溫柔擁抱，說：「我知道你有委屈，媽媽很心疼寶貝！」

二、客觀聽故事：

傾聽孩子把事情的來龍去脈說一次，但不要全然相信，也不否定。但要花一點時間去詢問相關的人，以求得事情的全貌。

三、解決問題：

最重要的是引導孩子解決問題，以預防同樣的事情再發生。而不是用情緒帶著他還以顏色，這樣不但於事無補，反而會破壞師生、同學之間的關係。

眼高，手更要高

我看到便利商店、咖啡店的店員們扎實的做事能力、周到的服務精神，頓時覺得願意吃苦、能夠耐煩，才是支撐遠大抱負的必要基石。年輕人想往上伸展，想探出頭看得更遠更廣，可先得學會踏穩腳步、擁有扎實的做事能力！

在小七買咖啡時，看到一位資深店員正和兩名新店員解說ibon的細部操作步驟，好奇的我忘了自己只是個消費者，也在一旁認真聽講起來。

我好奇的不是ibon的功能與使用方式，而是資深店員如同公關高手般非常清晰有條理的敘述，以及兩名工讀生有如臨考前衝刺般極為認真的神情。

眼前這一幕讓我對7-11店員的養成訓練好奇起來。

我的腦袋裡突然串起如連環圖的緊湊畫面，一個個便利商店店員從早到晚可能遇到的工作都跳出來：進貨、點貨、搬運、結帳、盤點、煮咖啡、煮茶葉蛋、關東煮、幫客人設定影印機、傳真機、教客人使用ibon、處理網路訂購取件、快遞查詢、轉運……

7-11店員每天必須連續八小時保持精神抖擻，絕不能累「趴」，因為此工作場所只准擺放招待客人的餐桌餐椅，絕不容許店員稍事坐下。

此外，也絕不能忘記要從頭到尾保持真誠笑容，聲音宏亮，口條清楚，因為每個客人都是監督者，鞠躬盡瘁的員工一定會力拚讓每一個客人離去時為他按下「非常滿意」鍵。

如果說個人的生活必須靠「手機」整合，那麼日常的生活則少不了「便利商店」。

隨著便利商店結合通路、輕食、餐點、訂票、繳費、取件、快遞等各種功能，我們仰賴其愈來愈深，因此，便利商店幾乎是家的延伸，是功能齊全的民間代辦中心。

它在時勢所趨下發展成百變金剛，那它的店員當然不能不變成三頭六臂的小超人。

當下，我這個曾經當過記者，新聞鼻癢癢的家庭主婦忍不住發問：「你們每天要做這麼多種工作，那進來之前要接受多少訓練呢？」

不出我所料，光是食品與咖啡的處理，就要上好幾次的課程，另外關於各種服務流程、機器使用、通路運送、服務禮節、公司文化等等自不在話下。

我的頭上冒出一盞小燈：將來我家小子們若有機會到此機構接受此全方位的

訓練，不就進得了廚房、又出得了廳堂，手腳靈活、頭腦清楚、允文允武、任勞任怨？既能幫我這個老媽有效栽培國家棟樑，還幫我代發零用錢，這真是社會大學裡營養豐富的最讚學分！

我想起來，去年暑假時因為7-11裡有一位年輕小夥子的服務態度太讚，也曾讓我忍不住上前攀談。沒想到那位滿臉青春的陽光孩子是附近早餐店的兒子，他說，剛考上大學，早上幫忙家裡早餐店之後，就接著到7-11報到。

「我爸媽要我來這裡！」他說。

「為什麼？」

「當然是要賺更多學費啊！」

「那為什麼不當家教？你考得不錯啊！」

「我爸媽說這裡學更多！」

「真的嗎？你覺得呢？」

「非常忙，事情很雜很多，幾乎一進來就停不了，腦筋要很清楚，手腳要很快！」

的確，這家店在商業區與住宅區之間，上班族、居民絡繹不絕，每分每秒都在考驗店員的腦力與耐心。

我看這孩子手腳伶俐，結帳清楚、不慌不忙、不卑不亢，主動熱心，「請、謝謝、不客氣」更是三句不離口。我想，這個念書也念得不賴的孩子將來必大有可為，他的父母實在太有智慧了！

我們不斷強調孩子要增進知識智能，要開拓視野見聞，但是當我看到小七店員們扎實的做事能力、周到的服務精神，反倒覺得願意吃苦、能夠耐煩，更是支撐遠大抱負的必要基石。年輕人想往上伸展，想探出頭看得更遠更廣，可先得學會踏穩腳步、擁有扎實的做事能力！眼高，手更要高！

鼓勵孩子擔任幹部

不少孩子怯於擔任班上的幹部，有可能是因為怕自己做不好，更可能是怕浪費時間；特別是上了高年級、國中以後，因為課業繁重，所以不希望任務纏身，連父母都可能慫恿孩子推辭幹部工作。

成績只能反映一個孩子吸收知識或是應付考試的能力，但是孩子未來在社會上工作，最重要的是做事的能力—規劃、分配、執行、溝通、交涉等，這些能力在書本上都吸取不到，反而得在真正承擔要務時才有機會鍛鍊。

其中最重要的就是能磨練社交溝通能力，因為當幹部一定要上台傳達訊息，所以能有效訓練孩子的表達能力，再內向的孩子也會被鍛鍊得落落大方。

而為了管理好秩序，或達成任務，就必須想盡辦法讓同學們遵守規則，說服他們配合行動。

當引起反彈時，更要懂得靈活而有技巧的處理同學不滿的情緒，因此對不同個性的人就一定會有更多的體會，也會去思考如何和不同個性的人相處，該運用什麼技巧使之服從，增進團隊合作。

而不少孩子在擔任幹部之後整體都獲得了提升，這是因為心裡產生「自己是表率，要以身作則」的暗示作用，因此更加自勵與上進。

有智慧、有遠見的父母要鼓勵孩子擔任幹部、勇於承擔責任，從小就找各種機會鍛鍊他們全方位的做事能力，這是未來各領域人才都須具備的條件。

好好學煮一味，就是頂尖

簡單的事重複做，就是專家；重複的事認真做，就是贏家！
只要孩子能找到一條願意耕耘的路，就鼓勵孩子堅持下去，
即使只會做一件事，也能比別人掌握更多細節，得出更多訣竅。
就支持孩子、鼓勵孩子，創造屬於自己獨特的「一味」吧！

轉角咖啡廳來了一位新的店員，她永遠笑容可掬，想盡辦法讓客人賓至如歸，才沒見幾次面，我一進店，不用多言，她就笑笑地說：「今天也是熱拿鐵，六分甜嗎？」

我以為她只留意我的消費習慣，孰知，下一位客人進來，她一樣面露溫暖的笑容：「還是招牌咖啡全糖嗎？」這真是令我驚訝不已！

早晨，我當完志工順道去買杯咖啡，她會聊聊學童安全問題；偶爾，我因工作著盛裝進店，她則自然而然地美言幾句，但不多話不多問，謹守分際。

我往往注意到她在忙著做咖啡時，眼睛卻不忘掃描客人用餐的神態，找話題和客人溫暖地互動。

在角落有兩個小朋友，大口咬著夾著蛋、鮮蔬、火腿的特製鬆餅，吃得吱吱響、滿臉幸福。

這店員看了很欣慰，隨即就問：「小朋友，很好吃對不對？這是我們的招牌產品喔！」

其實，一兩個月前，這位新來的店員就已經引起我的注意，我忍不住對她的服務態度表達欣賞。

她淡淡一笑：「我喜歡這樣的工作啊！既然做了這份工作，就盡心盡力啦！這也沒什麼，就是多留意客人的需要，讓他們喜歡我們的店。」

是的，盡心盡力，享受其間，這是最重要的工作態度。生活中，在在有鮮活的例子應證這個道理：不論工作多簡單，每一次都用心去做，並享受盡力的過程，日積月累，就能鍛鍊出能力！

一個週末，全家人爬完了山，繞到夜市打野味，有一攤豬腳湯麵線看來非常誘人，但卻大排長龍，我們排了老久才買到。果然，湯汁濃醇，麵線滑韌，豬腳香Q，配上老闆特調的沾醬，味道上乘。

我不由得對年輕帥氣的主廚好奇起來，抬頭一望，不過三十出頭吧？滿臉光滑，精神飽滿。他的手腳非常伶俐，掌廚、招呼、包裝、算帳、找錢，無一含糊。

我暗自盤算，客人如浪潮沒有斷過，這一晚賺下來，起碼三四萬元的營業額！錢不好賺嗎？看這幅景象，錢好好賺哪！但他這一味好煮嗎？看他爐火純青的功夫，想必有獨家撇步！

但是，這個老闆也不過天天都煮這相同的一味，每一碗都是一樣的流程嘛！多麼單純的生財之道！

當下就想，人生其實也不太複雜，不就像這樣，好好學著「煮一味」嗎？就是勤勞的、認分的，天天把這一味煮好，而且愈煮愈好，煮到出神入化，煮到無人出其右，就是頂尖。

回歸到教育孩子，其實父母自己也做不到十項全能，又何苦逼求孩子樣樣精通，當多元天才？就支持孩子、鼓勵孩子，創造屬於自己獨特的「一味」吧！

我想到一句話：「簡單的事重複做，就是專家；重複的事認真做，就是贏家！」

只要孩子找到一條願意耕耘的路，就鼓勵孩子堅持下去，即使只會做一件事，但每天都可能出現新的狀況，需要鍛鍊新的能力，因此一定會有新的體悟，而能比別人掌握更多細節，得出更多訣竅！

行家，絕對是靠時間與毅力累積而成！

這樣思考這樣做，在體制內也能兼顧學業與自我探索

一、親子雙方對於成績絕對要訂定「合理的期望」。

這讓父母能放下，不會無止境地逼迫孩子去追求超過能力的分數，孩子也能安心做自己，並肯定自己。

不是每個孩子都適合被逼到前幾名，而退一步想，會不會考試，只是決定孩子未來發展的一小個條件。

二、要孩子懂得利用時間與訂定計畫。

讓孩子規劃每週的生活與讀書計畫，並按表執行。常常提醒孩子：該專心上課就專心上課，該努力複習就分秒必爭，該多做練習就多做練習，一定要有效率的讀書、做功課。

沒有老師父母的監督，沒有安親班補習班的緊迫盯人，孩子依然能自動自發搞定一切，才是真本事。自律的態度，在未來一定會化為比分數更有決定性的能量！

三、尋求適當的補習教育。

若孩子真的怎麼讀都讀不通，那麼就找個好的補習班或是家教老師做補強！在體制

內的課程非常龐雜艱難，一定要懂得找資源，並願意接受輔助教學，才可能突破學習困境！

四、絕對有時間也必須找出時間，讓孩子找到真正的自己。

儘管課業繁忙，但是畢竟只是生命中的幾年時光，孩子必定要常常從堆積如山的課業中探出頭來，好好看看自己，到底是誰？能做什麼？知道所追求的分數背後的意義何在！

五、定睛在弱點，不如聚焦在優勢。

不論學科或術科，孩子總有一兩個全力以赴、分數卻老拉不高的科目，也會有一兩科輕鬆以對但卻表現不俗的領域。與其定睛在弱點，不如聚焦在優勢，便會覺得孩子充滿希望！與其要求科科高分，不如引導孩子及早釐清自己的潛力方向！

父母們不需要老把眼光往外看，去計較別人的能力，因為愈看愈心慌，反而無法冷靜去發掘自己孩子的光芒。

我不希望孩子一路好命到底

吃苦，是人生逃不掉的功課。人一輩子該吃的苦頭都是一定的，
只是早吃晚吃，一點一點慢慢吃，或是一口氣整個吞下。
因此，我總希望孩子在漫長的成長之路上，能多先嘗幾口苦湯是幾口。
只要嚥得下，心靈五臟廟都能慢慢消化，慢慢分解，慢慢吸收。

某次我到埔里演講時，第一排坐著母子三人，明明是針對大人的講題，但兩個男孩卻從頭聽到尾，不吵不鬧，乖乖端坐。

當我講到「十二歲以前要用心培養孩子『做家事』的能力」時，我看到母子三人的眼神中，沒有一絲一毫的悸動，完全不像我在其他地方分享到此觀點時，總會與一雙雙熱切的眼神相遇。

演講無趣嗎？不認同嗎？我決定主動出擊，直接把表情漠然的男孩叫出來。

「會幫媽媽做家事嗎？」男孩靦腆地點點頭。

「做那些家事？」

「包包子。每天都幫忙包包子！」他很小聲地說。

台下的媽媽會心一笑，忍不住補充：「我們家賣包子啦。他不幫忙的話，我一個人忙不過來，全家都沒飯吃啦！」

中場休息時，和這裡的社工聊天，才知道根本不用擔心這裡的孩子不會幫忙做家事，因為他們從不缺做家事的機會。

應該這麼說，這裡的孩子做家事是無可推諉的事！

男孩媽媽說：「洗碗？不用叫啦！他還不准我洗，因為他覺得洗得比我還乾淨哩！」媽媽又有點不好意思地補充：「其實啊，我知道這孩子是心疼我身體不好，怕我太累！」

原來，眼前坐的不僅不是「媽寶」，還是個「寶媽」（寶貝媽媽的孩子）！

原來，孩子都有潛力學著耐煩把事情做好，也能很小就生出體恤父母的貼心！只是，需要一些處境，一些機緣，才能迫使孩子成熟懂事！

在這裡，我清楚知道他們都有無可選擇的處境與機緣，父母很辛苦，孩子也很辛苦。但，這到底是讓孩子向上提升的阻力，還是一種另類祝福？

在這之前，我看到一所大學學府為新鮮人舉辦「學校日」的新聞。

我感到納悶，怎麼現在連大學也有「學校日」？我這五年級生想必是土爆了，可是從未聽聞！

可是這「學校日」，家長來得比學生還多，筆記做得比孩子更勤，父母們都聚精會神地聽講，生怕錯過每一個細節，但學生們卻是事不關己地夢周公、滑手機。

學校的學務處也無奈地表示，接到的詢問電話都是緊張兮兮的父母打來的，鮮少來自學生。

更令人不可思議的是，還有學校的校園裡出現穿著背心的志工媽媽，引導大學新生在偌大的校園裡找教室！

接下來聽到的消息更勁爆：據了解，某大學老師立下規定，嚴禁父母到教室旁聽、幫孩子做筆記！

但是，看看現在孩子低落的能力，我不禁為台灣的未來擔起心：

連自己的大學新生活都沒熱情親自了解，怎麼可能有動力思考自己的前程？

連自己的教室在哪兒都需要父母引導，未來怎麼天天起個大早趕車上班？

連自己選的課都不會做筆記，未來如何伺候老闆隨口丟出來的企劃案？

孩子的成長，真的需要一些處境，一些機緣！

但是，我們做父母的，不僅杜絕使孩子成熟懂事的機會，更剝奪孩子建立基本生存能力的機會！

這些孩子到底是太好命？還是太不幸？父母所做的一切是幫孩子營造零缺點

的完美人生？還是一種「另類詛咒」？

當我不斷思考關於「孩子是吃苦還是吃補」的矛盾問題時，沒想到社會上也接二連三發生了所謂「人生勝利組」毀滅性的悲劇新聞。

我和所有的父母一樣，總盼望孩子能一路順遂少吃苦頭：念書平步青雲，遇到好老師、交到好朋友、考到好學校，然後一路進到好公司、娶到好老婆、生到好孩子！

總歸一句，就是希望孩子一路「好命」到底！

但怪異的是，在我的意識裡，對於「順遂」二字，卻潛藏有一定份量的抗拒。有時候，我甚至會頑皮地指揮起自己的潛意識，巴望孩子的成長路上多來點「麻煩」！

不是我想詛咒自己的孩子，正是因為太愛自己的孩子，才希望他們在羽翼未豐、尚未單飛前，我能幸運地目擊並陪伴他們抵擋大大小小的麻煩；在不斷的流血疼痛與癒合結痂的粗肉新皮中，磨出銅牆鐵壁之身！

我骨子裡就是相信，人一輩子該吃的苦頭都是一定的，只是早吃晚吃，一點一點慢慢吃，或是一口氣整個吞下。

總之，吃苦，就是人生逃不掉的功課。

因為，我知道，從未吃過苦的體質，絕難一口氣嚥下一大鍋苦湯，那種生吞豪飲，下場都很慘烈，不是噎死，就是脹死。

因此，我總希望孩子在漫長的成長之路上，能多先嘗幾口苦湯是幾口。只要嚥得下，心靈五臟廟都能慢慢消化，慢慢分解，慢慢吸收。吃苦就是吃補！

生病才能產生抗體，受挫才能造就韌性

讓孩子早一點輸過、接受多一點失意、早一點瞧過睥睨的眼神、捱過莫名其妙的謾罵。被人嫌惡過、受人拒絕過、遭人背叛過、丟人現眼過，甚至被逼得向人乞求過……

這些不堪的人生經驗，就如同一場場大病小痛，非得痛苦過才能產生抗體，有了抗體才能對抗頑強疾病；唯有受過一定的挫折與失敗，才能造就出真正的強韌，未來面對更大的磨難時，才真能挺得住！

人生中血淋淋的挫敗經驗，都不是干擾，都是祝福！請給孩子祝福！

【父母怎麼辦】

我的孩子被同學排擠，怎麼辦？

Q 我的孩子在學校不太受歡迎，據我所了解，大家不僅不喜歡和他做朋友，還會結黨來排擠他、欺負他，我跟老師談過很多次，老師似乎能幫忙的也有限，該怎麼辦？

A

一、找出原因

孩子不受到同學歡迎，絕不是一朝一夕造成的，一定有原因。除了讓孩子自己細想原因之外，也可以從他身邊常接觸的朋友、導師或是安親班小朋友、老師來瞭解起。

是不是太愛現？桌椅髒亂？身體髒臭？太自私自利？太愛告狀？喜歡爭寵？會偷東西、說謊？分組工作時總是偷懶不做事？

如果掌握了孩子不受歡迎的原因，那麼就要對症下藥，從根本問題改進，否則不可能杜絕其他孩子排斥的眼光。

如果是桌椅太髒亂，那麼就要求孩子每天一到學校先整理抽屜，爸媽也可以定期到學校叮嚀檢查。

如果是不愛乾淨，那麼就要獎勵或是處罰的方式，監督孩子認真刷牙、洗澡，出門前叮嚀整理服裝儀容。

如果太愛打小報告，則去了解孩子愛告狀的原因是因為真的打抱不平，還是要引起老師的注意，又或是忌妒同學？然後引導孩子試著用其他方法來提醒同學的錯誤。

也可以引導孩子設身處地為同學著想：如果是自己做錯事情，希不希望同學也一直去向老師告他的狀？會不會因此懷恨在心？

只有根本的問題解決了，才能讓同學打從心裡接納他、喜歡他。

二、增強孩子吸引人的特質或專長

每個孩子或多或少都有不討人喜歡的缺點，但是有些孩子因為有其他更討人喜歡的特質，或是擁有拿手的才藝而受到同學的佩服。

一定要設法讓孩子找到吸引人的特質所在，並且讓他自己對這些特質擁有自覺與自信。比如說，雖然是成績老是落後的孩子，但很喜歡服務同學，像是會主動幫忙搬桌椅、收送作業，主動幫忙缺席的同學抄寫聯絡本、大方借用學用品給忘記帶的同學等等。

有些不討人喜歡的孩子也可能因為擁有很高超的才藝，如琴藝、畫畫、變魔術、會打球，而讓同學心生佩服，自然而然就比較能容忍他討人厭的缺點。

三、懂得自我解嘲

如果孩子常常被拒絕，要告訴孩子，如果自認沒有什麼做不對的地方，那麼就淡定的回應別人的排斥或拒絕。

可以指導孩子在面對別人的拒絕時這樣回答：「你不要跟我玩也沒關係，我想下次還有機會！」

「讓我成為你們的組員，你們會發現自己都很能幹的啦！」

甚至可以教孩子練習用幽默的方式自我解嘲，來回應對方的譏笑或捉弄。比如：

「胖的人都比較善良啊！我那麼胖，一定不會害你！」

「看到我的分數，你們會覺得自己很偉大吧！」

「聽說矮的人都很有智慧，就像拿破崙，這就是我為什麼一直那麼矮的原因！」

四、讓孩子建立新的團體

讓孩子參加新的社團，如新的才藝班或是建立新的朋友圈，讓孩子用全新的自己來面對新的團體。因為新團體的成員對自己不會有偏頗的成見，因此只要願意改進缺點，留意建立友誼的技巧，在新的團體裡面比較容易創造對自己友善的氣氛，交到新朋友。

如果孩子在新的團體裡被接納，則可以不斷稱讚他、強化他的好行為特質。比如對不愛乾淨的孩子說：「你在這個團體裡看起來非常有精神，頭髮清爽，牙齒也刷得很潔白，衣服也都保持得很乾淨，難怪同學都喜歡你！」

對以前老愛打小報告的孩子說：「我看同學都還蠻喜歡你的，大概是你心胸很寬大，不太計較別人的錯誤吧！他們覺得跟你相處很放鬆，很自在，不怕你生氣，也不怕你去告狀啊！」

教養生活 040

管教的勇氣：該管就要管，你要幫孩子變得更好

作　者—彭菊仙
主　編—李宜芬
責任編輯—郭香君
執行企劃—張燕宜
企劃助理—石瑷寧
封面設計、插畫、內頁版型設計—日日設計 黃宏穎
內頁排版—時報出版美術製作中心

董 事 長—趙政岷
出 版 者—時報文化出版企業股份有限公司
108019台北市和平西路三段二四〇號三樓
發行專線—（〇二）二三〇六—六八四二
讀者服務專線—〇八〇〇—二三一—七〇五
（〇二）二三〇四—七一〇三
讀者服務傳真—（〇二）二三〇四—六八五八
郵撥—一九三四四七二四 時報文化出版公司
信箱—10899台北華江橋郵局第九十九信箱

時報悅讀網—http://www.readingtimes.com.tw
法律顧問—理律法律事務所 陳長文律師、李念祖律師
印　刷—盈昌印刷有限公司
初版一刷—二〇一六年一月十五日
初版二十刷—二〇二二年三月二十四日
定　價—新臺幣三二〇元

時報文化出版公司成立於一九七五年，
並於一九九九年股票上櫃公開發行，於二〇〇八年脫離中時集團非屬旺中，
以「尊重智慧與創意的文化事業」爲信念。

管教的勇氣：該管就要管，你要讓孩子變得更好／彭菊仙著. -- 初版. -- 臺北市 : 時報文化, 2016.01
面；　公分. -- (教養生活 ; 0040)

ISBN 978-957-13-6485-8(平裝)

1.親職教育 2.子女教育

528.2　　104025731

ISBN 978-957-13-6485-8
Printed in Taiwan